삶이 글이 되는 순간

삶이 글이 되는 순간

파란하늘

묶이고 싶었던 이름

윤 종 원

가위로 그의 이름을 잘랐다. 친구 관계로 선을 그었다. 십 년 가까이 주고받은 수백 통의 편지는 사랑으로 발전하지 못했다. 그는 나의 첫사랑이었고 목표였고 전부였다. 그러나 서로 다른 장르를 쓰고 있다는 걸 깨달았다. 그는 우정 소설을, 나는 로맨스 소설을 쓰고 있었다. 장르를 극복할 용기가 없었던 겁쟁이는 끝내 고백하지 못했다. 처음 쌓아 올린 사랑은 맥없이 무너졌다.

긴 세월 동안 그의 편지를 읽으면서 자주 생각했다. '이 아이는 글을 잘 쓰는구나!' 필체도 둥그런 심성을 닮아 동글동글 귀여웠다. 그에게 얼마나 빠져들었는지 백색무취의 편지지에서 은은한 향기를 느끼는 착각에 빠졌었다. 편지를 받은 날에는 하늘이 더 높아진 것 같았다. 바람은 뼛속까지 시원하게 만들었다.

마흔 무렵에 재회한 그는 글을 쓰고 있다고 했다. 읽는 사람에서 쓰는 사람으로, 문학 소비자에서 창작자로 변신 중이라고 담담한 어조로 말했다. 문학 수업을 수강하는 모양이었다. 수업 과정은 바듯하고 창작은 고통이라고 했다. 입은 힘들다 말하고 있지만 눈빛은 빛났고 표정은 밝았다. 그가 얼마나 글쓰기에 진심이고 몰입하고 있는지 알 수 있었다. 의지와 열정에 데일 것 같았다. 타고나는 것일까. 나도 저 아이를 따라 글을 써보고 싶다는 생각을 처음으로 했다.

이년 후 다시 만난 그의 손에는 수필집 한 권이 들려 있었다. 책 한 권 분량의 글을 쓰고 출간까지 했다는 게 놀라웠다. 출간 과정에 몇 편을 버렸느냐 물었다. 그는 책에 실린 글 세배쯤은 될 거라며 고개를 숙였다. 그의 노력의 크기가 짐작되었다. 살려내지 못한 글을 퇴고를 통해서 꼭 살려내겠다며 그가 고개를 들었다. 살리고 죽인다는 말이 이런 상황에도 쓰이는구나. 헤어지는데 그가 한마디 했다.

"나한테 편지 쓰듯 너도 글을 써 봐. 편지 참 좋았어."

그의 책을 펼쳤다. 과거 이야기가 많았고 가족과 나누는 현재의 소소한 행복이 있었고 미래에는 수필 평론가가 되겠다는 목표가 있었다. 궁금했지만 차마 물어볼 수 없었던 질문에 그의 책이 답했다. 이를테면, 지금의 남편과 언제 어디서 만나 어떤 사랑을 했고 결혼에 이르렀는지 알 수 있었다.

어느 부분에도 내 이야기는 없었다. 우리가 함께 보낸 시간이 얼마인데 이 많은 이야기 중에서 한 줄도 없다니. 나 혼자 로맨스 소설을 쓴 게 분명했다.

"제 첫사랑이 책을 냈습니다. 꼭 한번 읽어 주세요"

지인들에게 그의 책을 선물했다. 한 명이라도 더 봤으면 하는 마음이었다.

책 읽다가 잠들었던 주말 오후, 둘째 아이가 배 위로 쓱 올라왔다. 어린 자식의 무게와 땀 냄새. 아들의 삶에 내가 존재하고 나의 삶 깊숙이 아들이 있다는 사실을 오감으로 느꼈다. 어떤 상황에서도 떨어지거나 기억에서 지워지지 않을 거라는 확신이 있었다.

　그런 느낌은 책에서도 받았다. 그의 수필집 맨 마지막에는 평론이 실려 있었다. 책은 작가와 평론가의 이름을 품고 있었다. 그것은 변하지 않을 사실이었다. 작가와 평론가. 바로 이거야. 나도 글을 써야겠다고 다짐한 순간이었다. 내 계획이 너무 발칙하고 어이가 없었다.

　그때부터 글을 쓰기 시작했고 지금은 더딘 작가로 살아가고 있다. 느리지만 꾸준히 썼고 원고가 제법 쌓였다. 글쓰기에서 출간으로 목표도 갱신했다. 좋은 글을 모아서 책을 내고 싶은 마음이 간절하다.

　내가 작가로 발돋움하는 사이 그는 평론가가 되었다. 출간하게 되면 그를 찾아가 평론을 부탁하려고 한다. 작가가 훌륭한 평론가를 찾는 것은 당연한 일이지만 비단 그것만이 이유는 아니다. 나란히 서지 못했던 두 개의 이름. 문학이라는 공통분모 위에서 작가와 평론가로 당당하게 묶고 싶다.

　누군가 왜 글을 쓰냐고 물어보면 지금까지는 그냥 쓴다고 말했다. 듣는 사람에 따라 느낌이 다르겠지만 그럴듯한 대답은 아니었다. 한 여자를 잊지 못해서 문학을 시작했노라 말하면 어떨까. 시작이 그랬다는 건 변명하지 못하겠다. 그러나 지금은 아니다.

지금은 그냥 쓴다. 마치 업보처럼, 자석처럼 이끌려서 쓴다. 결국,
그냥이다.

쓸모 있는 것

Sunny Kim

딸의 대학원 졸업식에 가지 못했다. 팬데믹으로 모든 실내 행사가 금지된 때였다. 캐나다 서부 밴쿠버와 딸이 있는 미 동부 애틀랜타는 온라인으로 연결되었다.

카메라는 졸업식 광경을 이리저리 비췄다. 졸업생들이 총장으로부터 학위증을 받는 순서가 되었다. 화면에 딸의 옆모습이 잡혔다. 딸은 총장과 악수를 한 후 돌연 졸업가운을 휘날리며 휙 돌아섰다. 그러고는 학위증을 높이 들더니 과장된 동작으로 크게 원을 그리며 손을 흔들었다. 화면 아래 딸 이름과 학위가 빠르게 지나갔다. 예상 못 한 상황에 우리는 환호성을 지르며 딸이 눈앞에라도 있는 듯 화면에 대고 손을 흔들어주었다. 식을 마친 딸이 자못 흥분된 목소리로 전화했다.

"엄마, 나는 내가 정말 자랑스러워요. 외할머니가 보셨다면 얼마나 좋아하셨을까요?"

친정엄마는 졸업식 몇 달 전 돌아가셨다. 엄마는 문맹에 가까웠다. 모두 가난했던 시절, 조실부모한 어린 네 자매는 친척 집으로 뿔뿔이 흩어졌다. 엄마는 열 살에 작은 집 애보개로 들어갔다. 입 하나 는 것도 큰 부담일 텐데 학교까지 보내달라고 할 수 없었다. 나중에는 집안 살림까지 도맡아 했다.

엄마는 스무 살에 결혼했다. 얼굴 한 번 못 보고 시집간 엄마는 남편에게 차마 글을 가르쳐달란 말을 하지 못했다. 막냇동생이 학교에 입학하면서 엄마의 한글 공부도 시작되었다. 중년이 된 엄마는 우리가 쓰다 버린 공책과 몽당연필을 들었다. 자식들 어깨너머로 자음과 모음을 익혔다. 늦게 시작한 엄마의 글공부는 어렵게 이어졌다.

내가 캐나다에 이민을 오고 난 후, 엄마는 수시로 필요한 것들을 챙겨 보냈다. 엄마의 한글도 함께 날아왔다. 비닐봉지에는 어김없이 내용물 이름이 붙어 있었다. 들꾀복근놈. 참꾀복근놈. 미수까루. 땅통. 엄마는 마치 자식을 위해 한글을 깨친 것 같았다. 그 마음을 이해하고도 남을만한 시절이 내게도 있었다.

세 아이와 낯선 땅에 정착 후, 남편은 돌아가고 우리는 기러기 가족이 되었다. 그때부터 나의 영어 분투기가 시작되었다. 아들이 가입한 축구 클럽의 첫날, 준비물 쉰 가드(정강이 보호대)를 신 카드(사회보장 카드)로 잘 못 알아듣고 가져가 내밀었다. 해맑게 웃는 내 얼굴을 멀뚱히 바라보던 코치의 눈빛. 아직도 식은땀이 난다. 아픈 딸아이를 데리고 Veterinary Hospital(동물병원)로 데려 간 적도 있었다.

도움이 될까 싶어서 틈만 나면 아이들과 도서관에 갔다. 고전을 빌려와 읽기 시작했다. 글자가 눈으로는 읽히는데 머릿속에 머물지는 않았다. 시를 읽는 건 더 어려웠다. 시적 은유는 현지인이 아니라면 절대 이해할 수 없는 암호 같았다. 책은 고사하고 일상 용어들조차 해독하기 벅찼다. 실수를 거듭했다. 내가 그렸던 이민은 이게 아닌데 하는 후회가 쌓이고 아이들 입에서는 종종 불만이 터져 나왔다. '엄만 왜 그것도 몰라.'

서안해양성 기후의 겨울 장마는 오 개월이다. 지질하게 내리는 비가 겨우내 쉬지 않고 이어진다. 북반구에는 해가 늦게 뜨고 일찍 사라진다. 어두워지면 집 안은 고립무원으로 변했다. 이방의 시간은 더디다. 살면서 처음 겪은 권태와 우울. 아이가 셋인데 손 놓고 있을 수만은 없었다. 이겨내야 했다.

무작정 글을 쓰기 시작했다. 속상한 일이 생겨서 슬프다고 썼다. 떠나온 곳이 그립다고 썼다. 인종차별을 느낀 날은 분하다고 썼다. 감정을 꺼내 글로 쓰고 나면 맺혔던 마음이 스르륵 풀리곤 했다. 쓰는 일은 현실을 극복하는 힘이 되었다. 모든 문제가 쓰는 것만으로 풀리진 않았으나 글을 쓰면서 문제를 정확히 보는 것만으로도 감당할 힘이 생겼다.

해가 길고 선선한 여름이 환상이라고, 단풍이 아름다워 눈물겹다고 쓰고 나면 줄곧 내리는 겨울비는 낭만으로 보였다. 길을 걷다가, 밥을 하다가, 어제와 다른 바람이 귓가를 스칠 때, 그리고 의미를 부여하고 싶은 순간을 느꼈을 때 메모장을 열었다. 모국어로 읽고 쓴다는 일이 얼마나 소중한지 모국어를 떠나와서야 비로소 체감했다.

옆집 할머니의 정원을 관찰하며 쓴 시로 신춘문예에 당선됐다. 이듬해, 아들 학교에 자원봉사를 다니며 쓴 동시가 당선됐다. 여세를 몰아 단편소설도 썼다. 장르 불문하고 글쓰기 영역을 넓혀가는 동안 잃었던 자신감을 되찾았다. 언어장벽으로 주눅 들어 사느라 무너진 자존감도 살아났다. 낯선 땅에서 겪어야 했던 두려움은 나만의 글을 쓰는 원동력으로 바뀌었다. 더 권태롭지 않았다. 쓰면 쓸수록 더 잘 살아내고 싶어졌다.

그렇게 하다 보니 목표가 생겼다. 결과가 눈앞에 보이지 않을지라도 조바심내지 않고 걸어갈 것이다. 언젠가는 다다를 것이라 믿는다. 그날이 오면, 애틀랜타의 졸업식장에서 수만 리 떨어진 내 쪽을 향해 손 흔들어주던 딸처럼 나도 엄마를 향해 힘차게 손 흔들고 싶다.

"엄마! 보고 있지? 엄마 딸이 해냈어!"

그러면 나를 지켜보던 엄마가 화답하겠지.

"내 한을 풀어줘서 나는 이제 원이 없당게"

너의 색깔로 물드는 날이 올 거야

장 세 현

돌이켜 보면 불가사의한 일이다. 글쟁이로 밥을 먹고 살았고, 살아간다는 것. 지극히 일부만 가능하다는 전업 작가의 길을 걸었다. 유명 작가는커녕 '문인'이란 명함조차 내밀기 민망한 처지에 이게 가당키나 한 일인가! 역설적이게도 시나 소설 같은 본격문학을 하지 않았기 때문에 가능했다.

대학시절 시집을 내며 등단했지만 시가 밥이 되진 않았다. 서울살이하면서 돈이 실세라는 것을 깨달았다. 걸음을 옮겨도 돈이

고, 사람을 만나도 돈이었다. 천성이 남에게 신세 지는 걸 싫어하고 아쉬운 소리를 못 하는 터라 돈이 없으면 그냥 굶어야 했다. 두어 달 고시원 생활을 할 땐 생라면으로 끼니를 때운 적도 있다. 그러니 시를 계속 쓸 수 없었다.

글을 업으로 삼되 밥이 되는 일을 하고 싶었다. 그래서 찾은 게 어린이 책을 쓰는 일이다. 회전율을 빠르고 성실하기만 하면 끼니는 챙길 수 있었다. 두어 권 베스트셀러 반열에 오르고, 더러는 초등 교과서에 실리기도 했다. 교과서에 글이 실리면 큰돈은 아니지만 밥 한 끼, 술 한잔 친구들에게 살 만큼은 꾸준히 돈이 들어온다. 물론 교과서는 몇 년마다 개편되고 책에도 수명이 있어 천년만년 팔리진 않는다. 그러니 누에고치가 실을 뽑듯 계속 써야 한다. 그래서 낯 모르는 자리에 가면 그냥 노가다꾼이라고 소개한다. 노가다꾼을 비하하자는 게 아니라 밥 잘 먹고 몸이 튼튼해야 할 수 있는 게 내 일이라 생각하기 때문이다. 부득이 직업을 밝혀야 할 때도 작가보다는 '글쟁이'라고 한다. '쟁이'라는 말이 내포하는 직업적 글쓰기가 내게 딱 어울리는 것 같아서다.

아무튼, 글쟁이가 되어 이제껏 밥을 먹고 산다. 글의 첫마디에 불가사의한 일이라 적은 건 바로 이 때문이다. 우리 속담에 될성부른 나무는 떡잎부터 알아본다고 했다. 내겐 떡잎이라 부를 것조차 없었다. 참 지지리도 글을 못 썼다. 아니 써본 적이 없다. 고등

학교를 졸업할 때까지 딱 한 번 쓴 적이 있긴 하다.

음악 선생이 새로 왔다. 음악 선생이 왜 여름 방학에 그 책을 독후감 과제로 주었는지 모를 일이다. 로마의 황제 아우렐리우스가 쓴 『명상록』이다. 『명상록』은 머리에 쥐가 날 만큼 난해했다. 눈앞이 캄캄했다. 그 암흑에서 구해줄 사람이 떠올랐다. Y형이었다. 국문과를 다니며 가끔 내게 자작시를 들려주었기 때문에 멋진 독후감이 나올 것 같았다. 방학 내내 온갖 잔심부름을 도맡아 하며 비위를 맞췄다. 개학이 가까워지면서 독후감을 재촉했다. 차일피일 미루는 꼴이 조금 미심쩍었으나 철석같이 믿었다. 불길한 예감은 틀리지 않았다. 발등을 찍힌 내가 씩씩대자 발등을 찍은 도끼는 되려 나를 몰아세웠다.

"인석아, 너 책을 읽기나 했어? 읽었으면 뭔 느낌이 있을 거 아냐. 왜 못 쓰겠다는 거야?"

"글자만 읽었지 뭔 말인지 하나도 모르겠어!"

"그러면 읽고도 모르겠다는 얘기를 써! 그게 올바른 독후감이야. 내가 써주면 그건 너를 속이고 나를 속이고 선생을 속이는 일이라구!"

찍힌 발등에선 피가 철철 흐르는 느낌이었지만 더 항변할 말을 찾지 못했다. 속으로 부글부글 배신감이 일었다. '그래! 까짓거 쓰지, 뭐! 쓰라면 못 쓸 줄 알고, 흥!' 오기가 발동해 괴발개발 마구잡이로 썼던 것 같다. 내 손으로 쓴 유일한 글은 이처럼 어처구니가 없었다.

이런 내막이 있기에 대학입시를 앞두고 깊은 고뇌에 빠졌다. 서울의 모 대학 국문과 지원서를 사 오긴 했으나 자신 없었다. 어리바리한 촌뜨기가 멋모르고 대학에 가서 뒤처질까 겁이 났다. 여러 날 불면의 밤을 보내다가 다시 Y형을 찾았다. 고민을 털어놓자 형은 우리가 뛰어놀던 앞산을 가리켰다.

"저기 산을 봐. 온갖 종류의 나무들이 자라지만 여름 산을 보면 전혀 구별되지 않아. 녹음이 짙게 우거져 모두가 푸르게 보일 뿐이야. 하지만 서서히 기온이 떨어지고 일교차가 심해지면 달라져. 어떤 나무는 노란 단풍이 들고, 어떤 나무는 빨간 단풍이 들고! 저마다의 색깔로 울긋불긋 물이 들거든. 너는 지금 여름 산의 나무와도 같아. 마음속에 네 색깔을 품고 한 계절을 끝까지 건너갈 열정이 있다면 망설일 필요 없어. 네 인생의 결실을 맺는 가을이 오면 분명 네 색깔로 물들 테니까!"

Y형의 대답은 명쾌하고 기운찼다. 자신을 의심하며 방황하던

나를 '아무튼, 글쟁이'로 만든 한마디였다. 어느 영화의 대사처럼 강한 자가 살아남는 것이 아니라 살아남는 자가 강한 것이다. 무슨 대단한 작가는 아니지만 독후감 한 줄 못 써서 면박을 당하던 멍텅구리가 그 어렵다는 전업 작가로 여태껏 글밥을 먹고 살았으니 나름 제 색깔대로 물든 것 아닌가! 그 시절의 나처럼 선택의 갈림길에서 망설이는 청춘이 있다면 그 형이 들려준 말을 되새겨봐도 좋을 일이다.

'열정이 있다면 자신을 믿고 그 길로 가라! 언젠가 너의 색깔로 물드는 날이 꼭 올 것이다!'

용기 내게 하는 일

이윤화

함박눈이 내리고 바람마저 거센 날이었다. 간밤 잠을 설친 탓에 컨디션이 좋지 않았다. 이불을 턱밑까지 끌어당긴 채 자다 깨기를 반복하고 있었다. 오후 다섯 시에 있는 한 작가의 북 토크에 갈지 말지 마음을 정하지 못한 탓이었다. 결국 꾸역꾸역 집을 나섰다. 가는 내내 자문했다. 참가비를 낸 것도 아니고 일면식도 없는 작가인 데다 날씨도 몸도 궂은데, 나는 왜 이런 선택을 한 걸까.

4년 전 어느 봄밤이었다. 친구 린으로부터 간략한 기획안이 적힌 초대장이 도착했다. '즐겁게, 부담 없이, 되는 만큼 함께 해요!' A4용지 한 장에 아무 글이나 한 달에 한 번만 쓰라는 문자도 함께 왔다. 학창 시절 국어를 좋아했고 책 읽기를 즐기기는 했지만 글쓰기를 제대로 해 본 기억은 없다. 그런 내게 린의 초대는 신선한 부담이었다. 그렇게 글쓰기가 내 삶에 들어왔다.

퇴근 후 밥을 짓고 아이들을 챙기며 글을 썼다. 다른 사람이 쓴 글을 부지런히 읽기도 했다. 같은 글을 반복해서 읽고 더 나아질 방법을 고민하고 수정하는 일들이 일상으로 자리 잡았다. 하루치 삶에 덧대어진 시간을 감당하느라 잠을 줄여야 했다. 근 골격계 질환이 생겼다. 일상은 더 분주해졌다. 그런데 활력은 더 샘솟는 것 같았다. 오랜 직장 생활로 타성에 젖어있었기 때문이었을까. 구독자들의 반응에 홀려서일지도 몰랐다.

이 색다른 경험을 1년간 지속했다. 내가 글을 잘 쓰고 싶은 사람일 뿐, 글쓰기를 좋아하는 사람은 아니란 것을 알게 됐다. 글쓰기가 즐겁지 않았다. 빠르게 써지지도 않았다. 압박을 많이 받았다. 성격이 소심하고 꼼꼼한 데다 욕심이 많아서 잘 쓰고 싶은 마음이 글쓰기로의 진입을 어렵게 했다. 그러나 나는 달라졌다.

쓰는 일을 삶에 들이며 얻게 된 소득이 분명히 있었다.

쓰는 사람이라는 정체성을 갖게 된 후 더욱 섬세하고 깊이 있는 시각을 갖게 되었다. 삶이 더 깊고 풍성해지는 걸 경험했다. 내가 본 장면과 그에 대한 통찰을 문장으로 만들어 내는 것과 별개로 마음이 살찌는 느낌. 또 다른 소득은 자아의 성장이었다. 예전보다 더 나은 내가 된 것 같은 기분은 썩 괜찮았다. 글을 쓰는 동안에는 골치 아픈 일이나 번잡한 마음에 거리를 두고 관조하는 상태가 되었다. 변함없는 일상도 조금 더 잘 살아내고 싶은 마음도 들었다. 나를 위로할 줄 아는 사람이 되었다. 비슷한 상황에 있을 누군가를 응원하는 마음도 생겼다. 쓰는 순간의 마음으로 살고 싶어지곤 했다.

1년의 세월이 지나 '구조화된 쓰기의 장'이 사라졌다. 나는 글쓰기와 무관했던 이전의 나로 돌아갈 줄 알았다. 그러나 사람은 경험하기 전의 자신으로는 돌아가지 않는 듯하다. 그것이 긍정의 것이든 부정의 것이든.

나도 모르게 글쓰기 관련 검색을 했는지 알고리즘이 무수한 글쓰기 관련 모임으로 나를 데리고 갔다. 그리고 급기야 나는 글쓰기 수업을 신청하기에 이르렀다. 12주간 매주 한 권의 책을 읽고 영감을 받아 자기만의 서사로 풀어내는 수업이었다. 반은 함께 읽은 책을 통해, 반은 각자가 써 온 글을 가지고 삶을 나누었다.

나는 낯가림이 심하고 새로운 일에 대해 거부감이 크다. 도전이나 모험도 싫어한다. 수업 신청에도 용기가 필요한 사람이었다. 그런 내가 수업을 연달아 신청했다.

내 안의 사유를 구체화하며 글을 써 온 경험은 나를 바꾸어 놓았다. 삶을 바라보는 시선을 다듬거나, 더 나은 삶의 방향을 모색하던 시간, 그 시간이 가진 힘. 그 힘을 알아버린 것이다. 글은 분명 저자의 고유한 것이지만 공개된 후에는 모두의 것이었다. 타인의 글도 어떤 식으로든 나와 연결되어 있었다. 가난이든 질병이든 폭력이든 장애든 난임이든 성 정체성이든 말이다. 그걸 깨닫고 나니 용기가 생겼다. 내 삶을 나누어도 부끄럽지 않겠구나. 내 생각을 써도 괜찮겠구나. 나만의 서사라고 단정했던 것들이 어쩌면 모두가 공감할만한 스토리일 수도 있겠구나.

늘 주눅 들어있었던 어깨가 펴지면서 나는 나를 함부로 옹호하거나 비난하지 않는 사람이 되어 갔다.

한 번의 용기는 또 다른 용기를 불러왔다. 이제는 책을 읽다가 매력을 느낀 작가의 북 토크가 열리면 신청 버튼을 누른다. 아는 사람 없이 혼자 찾아 나서야 한다는 사실이 부담되기는 했다. 그 부담을 이겨내면 나는 또 어떻게든 더 나아져 있을 것이라는 믿음이 생겼다. 용기를 내면 경험을 얻고 새로운 경험은 나를 다른 세상으로 데려다주었다. 내게 용기는 곧 다른 세상에 대한 기대였다. 그런 믿음과 기대가 또 신발을 신게 했다. 그해 겨울, 세찬 눈보라와 한파를 뚫고 흑석동의 한 카페를 향해 걸었다.

내 인생의 불행 중 다행

이 은 정

불행不幸, 행복幸福, 다행多幸. 이 세 단어에 공통으로 들어가는 행幸이라는 한자어는 다행, 행이다. 행복은 복된 운을, 불행은 운이 없음을, 다행은 뜻밖에 얻은 운을 말한다. 그들 사이에서 생겨난 관용 표현인 불행 중 다행. 아이러니하고 모순적인 표현이다.

불행 중 다행이라는 말을 별로 좋아하지 않았다. 불행이 닥친 사람에게 전하는 동정이거나 불행한 자신을 자위하는 말이라고 생각했다. 불행은 그냥 불행한 거지 불행에 무슨 다행이 있어. 근데 자꾸 인생을 살다 보니 있는 것 같았다. 불행 중 다행이라 느끼는 상황이 얼마나 귀한지도 이미 깨달았다. 그래서인지 인생이 암울해진 시기가 와도 완전히 절망하거나 손을 놓지는 않게 된 것 같다.

다행이 올 거라는 생각으로. 불행 중에도 다행이 있더라는 희망으로.

직급이 얻었다면 대리 정도 되었을 무렵, 겨울이 시작되고 끝날 때까지 글을 내팽개쳤다. 이렇게까지 오래 갈 줄 몰랐던 슬럼프. 번아웃. 내내 절필하고 싶었다. 처음으로 글쓰기가 싫었다. 책이 눈에 들어오지도 않았다. 문장을 보면 울렁증이 일었다. 아마도 글에 체했던 모양이다. 등단 후 한 번도 쉬어본 적 없기는 했다. 글에 갇혀 글만 쓰고 살았으니 좀 쉬라는 뜻인가 싶어서 쉬었다. 몇 달 쉬었더니 다시 문장을 짓는 일이 처음 글 쓸 때만큼 힘들지 않겠는가? 그래. 그럼 처음으로 돌아가지 뭐. 서두르지 않기로 했다. 어쩌면 원점으로 가야 할 때라고, 운명이라고 여겼다.

습작하던 시절에 읽었던 책을 다시 읽기 시작했다. 밑줄 그은 부분을 재차 읽으며 문청이었던 시절을 떠올렸다. 작가의 꿈이 참 간절했고 글 쓰는 일에 누구보다 열정적이었던 그 시절의 마음을 끄집어냈다. 때 묻지 않은 순수한 문학소녀가 말을 걸어왔다. 순수했지만 무모하기도 했던 소녀는 해사한 얼굴로 책상에 앉았다. 밤새 키보드를 두드리며 고뇌하는 척 미간을 찌푸렸다. 민망한 기억이었지만 웃음이 났다. 소녀를 만난 후 뉘우침과 반성의 시간을 가졌다. 그리곤 마치 처음 글을 배우는 사람처럼 날마다 단어와 어휘 공부를 했다. 순수하고 무모했던 소녀로 살면서 다시 성장하고 싶었다.

겨우 쓰는 사람으로 돌아왔다. 단어와 문장이 모난 돌처럼 박힌 비포장 길. 이정표도 옆지기도 없는 외로운 길. 어떤 길인지 알면서도 다시 들어섰다. 새 신발 한 켤레도 없는 신세지만 한 발을 들여놓았다. 신인 때보다 두렵기는 했다. 그러나 신인이 아니어서 더 가야만 했다. 내 글을 사랑해주는 독자들이 생겼으니까. 책임감이나 사명감 따위가 손톱만큼은 생겼어야 마땅하니까. 오랫동안 머물었던 길이라 돌아오는 시간이 그리 오래 걸리지는 않았던 것 같다. 나는 다시 쓰는 사람이 되었다.

생각보다 길었던 슬럼프에서 벗어나게 된 결정적인 계기는 불행 중 다행이라는 인생 법칙을 희망으로 여긴 덕분이다. 살아진다는 것. 그게 그렇게 끔찍할 때도 있었는데, 그 사실을 깨달은 후에는 포기할 수가 없었다. 살아지니까. 그럼 살아야 마땅하니까. 그렇지만 마음먹는 것만으로는 현실적인 문제를 해결하기엔 역

부족이다. 그때 필요한 게 사람이라는 것 역시 살면서 깨달은 사실이었다. 그래서 깊은 우울함에 빠져있는 동안에도 사람들의 연락을 피하지 않았다. 내 상황을 알면서도 끊임없이 연락해 오는 사람들은 나를 걱정하거나 돕고 싶은 사람들이니까. 나를 바닥에서 일으켜줄 동아줄이 거기 있을 수도 있으니까.

문제가 생기면 오롯이 혼자 해결하려고 끙끙대다가 죽음의 문턱에서 휘청거리곤 했다. 그 시절이 어리석게 느껴진 건 작가가 된 후에 온 마음이었다. 그만큼 세상에는 나를 아끼는 사람이 많다는 사실을 삶의 고비마다 깨닫게 되었다. 작가의 꿈을 이룬 동시에 부록으로 깨달음을 얻은 것이다. 그러니 어찌 아니 쓸 수 있을까. 계속 글을 써야 그들이 나를 유혹할 테니까.

어서 일어나라고. 다시 글을 쓰라고. 우리 같이 살자고.

팍팍하기만 했던 내 인생에 찾아온 유일한 행복은 작가가 된 것이었다. 불행이라면 경제적으로 여전히 가난한 것이다. 가장 중요한 불행 중 다행은 작가가 된 후에 만난 사람이라 하겠다. 처음 맛본 슬럼프의 끔찍함 속에서 나를 끄집어내 준 것도 사람이었고 계속 쓰는 사람으로 살 수 있도록 등 떠밀어 준 것도 사람이었다. 결국, 내가 작가로 살 수 있게 하는 힘은 필력이 아니라 사람인가

보다. 글에 미쳐서, 글밖에 몰라서 작가로 사는 것이 아니라 작가로 살면서 얻은 사람들 때문에 계속 작가로 사는 건지도 모른다. 그러니 내 인생의 불행 중 다행은 사람임이 틀림없다.

며칠 전, 엄마와 통화하면서 물었다. 엄마 인생에 행복과 불행과 불행 중 다행에 대해서. 골똘히 생각하던 엄마가 대답했다.

"딸 셋을 낳은 건 행복, 딸 하나가 죽은 건 불행, 딸 둘이 살아있다는 건 불행 중 다행."

물어본 사람 입을 다물게 하는 대답이었다. 엄마가 되물었다. 너는? 나는 작가가 된 게 행복, 무명하고 가난한 게 불행, 독자가 있다는 게 불행 중 다행이라고 대답하려 했다. 그러나 아무 말도 하지 않았다. 엄마의 세 가지에는 모두 딸이 있는데, 나의 세 가지에는 작가로서의 삶만 있어서.

엄마가 섭섭해하지 말았으면 좋겠다. 이제 겨우 슬럼프에서 빠져나와 이 글을 쓰고 있으니까. 엄마의 행복이었다가 불행 중 다행이 된 내가 다시 글을 써야 엄마의 행복이 될 수 있을 거라 믿으니까. 다시는 펜을 놓지 않기 위해 지금 이 글을 쓰는 중이다. 내 인생의 불행 중 다행을 잊지 않으려고. 계속 작가로 살고 싶어서. 기어이 쓰는 사람으로 남고 싶어서.

먼지와 밀당하는 마음으로

이 정 오

'이것' 없는 세상 하면 가장 먼저 떠오르는 것은 무엇인가요? 고통? 질병? 쓰레기? 불행? 제가 한참을 고르고 고른 단어는 먼지였습니다. 있는 듯 없는 듯 소리도 형체도 없이 부유하다 잠깐 방심한 틈을 타 깊숙한 곳에 살포시 내려앉는 먼지. 들키기 싫은 제 마음 같습니다. 봄빛은 어두웠던 방 안쪽까지 침투하여 겨우내 자고 있던 존재들을 깨웁니다. 묵혀둔 것들이 뽀얀 기지개를 켜며 잠에서 깨어나는 시간이죠.

대개는 어두울 때 길을 잃지만 빛 때문에 길을 잃기도 하는 존재들이 있어요. 어둠을 야금야금 먹고 자라며 구석구석 숨어 있던 먼지가 그렇습니다. 너무도 하찮고 가벼워 그 존재를 곧잘 까먹기도 하고 일부러 모른 척하기도 합니다만 햇빛은 기어코 끄집어냅니다. 들킨 먼지와 저는 몹시 당황합니다. 몸 둘 바를 모르고 허공을 떠도는 모습들. 그제야 저는 창을 열고 어둠과 습기 속에 몸을 불려 온 먼지들을 그러모읍니다. 한 줌의 먼지를 닦고 버리는 행위, 저에겐 글쓰기에요.

저는 글쓰기와 술래잡기 중입니다. 가까이 오면 도망가고 싶고, 멀어지면 또 잡고 싶어집니다.

막상 해야 할 일이 되면 하기 싫고 하지 않아도 된다고 하면 마음이 간질간질해지는 일. 학교 다닐 때는 공부가 그랬고 사회생활 할 때는 일이, 지금은 글쓰기가 그렇답니다. 글을 지어 벌어 먹고사는 건 아니지만 '목숨을 부지하는 것과 살아가는 것은 다르다고, 살아가려면 우리는 모두 쓰는 사람이 되어야 한다.『쓰는 사람, 이은정』'은 문장이 동력이 되어 계속 글을 쓰고 있습니다. 살아가기 위해 누군가는 그림을, 누군가는 음악을, 누군가는 달리기를 선택했다면 저는 글을 선택한 것입니다.

전업주부로의 삶이 스무 해를 넘어갈 때 불청객이 찾아왔습니다. 사람들은 이것을 '번아웃'이라고 하대요. 불행은 늘 떼로 다닌다고 저의 갱년기와 아이의 사춘기가 함께 왔고 최후의 일격은 코로나였습니다. 교회와 도서관이 문을 닫았을 땐 마지막 숨통마저 끊어지는 심정이었습니다. 세상과 단절된 사람들은 '줌'을 통해 소통하기 시작했어요. 난생처음 온라인 독서 모임과 동네 책방에서 하는 글쓰기 모임에 신청했습니다. 아날로그적 인간인 저에게 '줌'은 마스크만큼이나 어색하고 불편했지만 달리 방법이 없었죠. 일단 살고 보자는 마음이 더 컸으니까요. 그러고 보니 불편하고 답답하게 느낀 줌과 마스크가 저를 새로운 세계로 들어서게 해준 셈이 됐네요. 저는 조금씩 살아나기 시작했습니다. 책을 읽고 글을 쓰는 일이 점점 익숙해지고 일주일에 한 편씩 썼던 우리의 글들이 모여 한 권의 책이 되었어요. 인생의 폭풍을 맞았다고 생각했는데 그 시간 속에서도 열심히 싹을 틔우고 열매를 가져다주다니 인생 참 모를 일입니다.

먼지는 공기 중에 동동거리다가 틈이 보이면 재빠르게 스며듭니다. 아픔, 슬픔, 억울함도 까만 기분이라는 입자를 통해 그렇게 스며드는 게 아닌지. 주인에게조차 들키기 어려운 작디작은 모양, 가볍디가벼운 동작으로 내려앉아 있다가 울컥 내뱉게 되는 것들이 먼지 뭉치 같은 마음은 아닌지. 처음엔 그러한 기분을 맥없이 바라봅니다. 둥지를 틀고 제 몸을 키워갈 때는 발끝으로 살짝 밀어두고 그것들을 어찌 처리해야 할지 몰라서 방법을 찾아봅니다. 제가 찾은 가장 획기적인 아이디어는 먼지로 다시 무엇인가를 재창조해내는 것이었어요. 먼지가 그림으로도 보석으로도 변신할 수 있더라고요. 글쓰기도 기분의 모양을 바꾸고 쓰임을 바꾸어 다른 존재로 세상에 내보내는 방법 중 하나가 아닐까 싶습니다.

보고 싶지 않아서 외면했던 것들이 보이는 시간이 옵니다.

작은 입자일 때는 뭐라고 불러줘야 할지, 어떻게 다뤄야 할지 몰라서 내버려 두었던 감정들. 때론 하찮게 넘겼던 적도 있었는데 그렇게 방치되었던 기분의 입자들이 눈물, 콧물, 한숨에 덩치를 키우다가 봄처럼 찾아온 빛 앞에서 존재를 드러냅니다. 글을 써야 할 때가 온 것입니다. 뽀얗게 쌓인 기분에 제목을 붙여주고 마침표를 찍어서 마음에서 내보내야 할 때가요. 비워내고 비워내도 다시 들어앉을 것 또한 압니다. 먼지가 그렇듯 기분도 그럴 테지요. 그럼에도 불구하고 틈마다 자리 잡은 기분을 모아 버려주는 것. 저에겐 살기 위한 일이기도 합니다.

먼지와 밀당하듯 기분과도 밀당을 합니다. 글로 만들어져 세상에 나온 기분들 또한 먼지처럼 흩어지겠지만 어차피 사라질 게 아니라면 그곳이 어디든 곱게 스며들면 좋겠습니다. 정전기 같은 마력으로 누군가의 먼지 같은 기분들을 죄다 훔쳐 나오면 더 좋겠고요. 글이 닿는 곳이 조금은 시원하고 후련해졌으면 좋겠다는 마음으로 저는 오늘도 글을 씁니다.

엄마는 처음이라

이 수 현

열 살짜리 아들이 두발자전거를 타고 아파트 단지를 돌았다. 보조 바퀴를 뗀 지 2주가 채 되지 않아 따라나섰다. 은우의 모자가 떨어져 뒤쫓아 가던 내가 주웠다. 오후 세 시. 태양이 뜨거웠다.

모퉁이를 돌자, 어린이집이 나왔다. 은우의 자전거는 멈춰있었고 은우는 얼음이 되어 있었다. 은우 앞에는 엉덩방아를 찧은 듯 뒤로 넘어진 다섯 살 남짓의 여자아이가 보였다. 얼굴이 벌게지도록 울고 있었다. 달려 나온 보호자는 아이의 바지를 털며 상태를 확인했다. 괜찮니? 미안해. 우는 아이 앞에서 사과 외에 더 무엇을 해야 할지 몰라 벌서듯 한참을 서 있었다. 자기를 다치게 한 사람과 자전거가 계속 보이면 다친 아이가 더 울 것 같았다. 자전거를 끌고 우리 집 앞을 향해 걸어갔다.

나도 여자아이의 엄마도 부딪히는 상황을 보지 못했다. 유일한 목격자는 어린이집 앞에서 첫째를 하원 시키려고 서 있던 만삭의 임신부였다. 집으로 가다가 돌아보았다. 임신부가 우리 쪽을 가리키며 다친 아이 엄마에게 무슨 말을 하는 것 같았다. 제대로 조치를 안 하고 줄행랑친다는 듯 불만스러운 표정이었다.

"은우야, 자전거가 아이한테 쓰러진 건 아니지? 끝까지 붙잡고 있었던 거지?"

"응, 피하려고 했는데 피할 수가 없었어. 그 애가 내가 피하려던 쪽으로 와버려서. 브레이크를 잡았는데도 앞바퀴가 살짝 움직여서 배랑 부딪힌 거야."

교통사고 나면 명함 교환하는데…. 다시 가서 연락처라도 주고 오는 게 좋을까? 개인 정보를 줘도 괜찮을까? 큰 사고는 아니었지만 처음 겪는 일이었다. 다른 양육자들은 어떻게 대처하는지 알고 싶었다. 그간 아이들끼리 놀다가 은우가 다친 경우는 많았다.

나는 그때마다 괜찮다고 말했고 그냥 돌려보냈다. 생각 끝에 은우와 같이 뒤돌아 자전거를 끌고 놀이터로 향했다.

여자아이는 말타기 기구를 흔들며 놀고 있었다. 아이 엄마는 아이 팔꿈치를 보여주며 살짝 까진 것밖에 없다고 했지만, 나는 마음이 편하지 않았다. 우리 집 동호수와 연락처가 적힌 쪽지를 건네며 밤에라도 아프거나 병원 가게 되면 전화하라고 했다. 임신부는 가고 없었다.

마음이 무거우면 글을 쓴다. 글을 쓰면 멈추고 생각하게 된다. 아이가 어른의 스승이듯 글쓰기도 선문답 좋아하는 스승 같다. 글을 쓴다고 정답이 바로 나오는 건 아니지만, 다른 사람 입장이 되어 내 행동이 맞았는지 돌이켜 보게 된다. 우리를 보면 계속 울 거라고 지레짐작하고 떠날 게 아니라, 그 자리에 더 머물러야 하지 않았을까. 다른 부모라면 넘어진 아이 눈물도 닦아주고 걱정했을 텐데, 감정적 대응보다는 문제 해결에 집중하는 나의 성향이 인간적으로 보이지 않았을 수도 있다. 다음에는 더 능숙하게 대처할 수 있을 거다. 그때는 자리를 뜨지 않고, 처음부터 연락처를 주고받고 병원을 가겠냐고도 물을 수도 있겠지.

이해가 되지 않을 때 글을 쓴다. 기분이 나빠진 이유, 어디서 왔는지 알 수 없는 뭉뚱그려진 감정을 글로 차근히 풀어낸다. 글을 쓰면 터질 것 같이 답답했던 마음이 김빠지듯 조금 나아진다. 안 썼으면 가까운 사람이나 아이에게 바로 화를 풀었을지도 모르는데, 글이 삶의 도구여서 다행이다.

아이가 태어나고부터 글을 썼다. 갑자기 모르는 게 너무 많아졌는데, 계속 그 상태면 안 될 것만 같아서. 글은 자신을 넘어설 수 없다고 한다. 글이 좋아지려면 삶을 잘 살아야 한다고. 그래도 지금의 나를 꾸준히 기록하고 점검한다면 언젠가 글도 삶도 지금보다 나아지지 않을까. 아이가 순진한 눈망울로 내 행동을 지켜보고, 내가 없을 때 그대로 따라 할 걸 생각하니 겁나고 두렵다.

사고가 난 지 일주일이 지났지만 아직 연락이 없다. 그분의 연락처도 받아서 다음날이라도 괜찮은지 관심을 표했어야 했나.

"엄마, 나는 운이 정말 안 좋은 아이 같아. 학교에서도 미술 시간에 붓 안 가져가서 혼났는데, 이렇게 자전거 사고도 났잖아."

"은우야. 살다 보면 그럴 수 있어. 준비물 안 가져가면 혼날 수도 있는 거고. 혹시 다음에 또 사고가 나면 사과 먼저 하고 연락처를 알려줘."

대답 없는 아이한테 일기 쓰기를 권했다. 사고를 목격한 사람들의 이야기가 다 다르니 기록하는 게 좋을 것 같았다. 물론 은우는 싫어했다. 나는 포기하지 않고 그림이라도 그려 보라고 했다. 자전거와 우는 아이 한 컷을 그린 후 제 방으로 도망가는 은우. 아이의 그림을 보며 나는 노크북을 켰다.

어떤 장르에도 들지 않는 날

김현미

태어났을 때부터 내게 삶이란, 구겨진 종이 같았다.

한 번이라도 마구 구겨진 종이는 아무리 펼치려고 애를 써도 본래의 매끄러운 종이로 돌아가지 않는다. 스팀 다림질을 최고로 올려놓고 다려도 미세한 주름살들을 결코 다 지울 수 없다. 내 얼굴은 그처럼 확실히 구겨져 있었다. 누구도 나를 보며 잘 웃지 않았고 나도 웃지 않았다. 오히려 그들보다 냉랭하고 차가운 표정이

내 얼굴 근육을 완전히 장악하고 있었다.

당시 뒷집에 살던 친구가 말해주었다. 내 별명이 '얼음공주'였단다. 이십 대가 되어 그 말을 들었을 때 정말 가슴이 뻐근했다. 나에게 별명이 있었다니! 이런 반전이! 어쩐지 다정한 느낌이 들지 않는가? 진즉 알았다면 나는 좀 더 가벼운 마음으로 십 대답게 살았을 텐데. 별명으로 불러줄 만큼의 관심은 있었다는 사실 하나만으로도 나는 감격했을 텐데. 그만큼 우정에 굶주려 있었는데! 뒷집 녀석에게 왜 좀 더 빨리 내 별명에 대한 그런 말을 해주지 않았느냐고 물었다. 내가 무서워서 말을 붙일 수 없었단다. 내가 무서웠다니! 나보다 힘센 남자애가 그런 말을 할 정도로 무서운 얼굴을 하고 다녔다니 내가 잘못했구나. 못된 애였구나. 하지만 그 순간 얼어붙은 마음에 온기가 흘렀다. 내게도 별명이 있었다는 사실을 알고 난 후, 신기하게도 그 시절이 따뜻하고 다정하게 느껴지는 것이 아닌가!

사실 열세 살 가을 무렵 부모의 불화를 견디지 못하고 딱 한 번 삶에 항복하려 한 적이 있었다. 평소에도 늘 죽는 일에 대해 생각하고는 있었지만 실행한다는 것은 어린 나에게 무섭고 버거운 일이었다. 그러나 하루라도 그 생각 없이 지나간 날이 없었다. 매 순간 벼랑에 몰려 있었다. 그날도 그런 날 중 하루였다.

체육 시간이 끝나가는 무렵이라 모두 운동장에 흩어져서 공을 차거나 여자아이들은 줄넘기를 하거나 그네를 타는 아이들도 있었다. 나도 그네를 타며 마음껏 웃어 보았으면 좋겠다는 강렬한 욕구에 사로잡혔다. 하지만 누구와도 함께 어울리지 못한 채 외따로 떨어져 있는 나를 심하게 인식하고 있었다. 그날따라 이상한 수치심과 모멸감이 몰려와 얼굴이 뜨거워졌다. 내 몸은 무의식적으로 학교의 정문을 나섰다.

학교 옆 개천을 지나 산으로 가는 길을 걸어갔다. 저 높은 산 꼭대기 옆으로 난 산길을 따라 가버리면 영원히 사라질 수 있을 것만 같았다. 이런 지랄 같은 삶에서 영원히 해방되겠지. 다시는 집으로 돌아가지 않아도 되겠지. 나는 이제 해방이다. 그 당시는 그렇게 철저하게 믿었다. 의심의 여지가 없었다. 사라지는 것이 곧 죽음이었고, 어떻게 되든 지금보다는 낫겠지, 그 생각뿐이었다. 뒤에서 선생님과 아이들이 내 이름을 부르며 뛰어오는 것도 나는 몰랐었다.

당시 나는 대구시에서 5살까지 살았지만 도시 생활을 견디지 못한 아버지 때문에 아버지의 고향인 시골로 이사했다고 한다. 엄마는 그때의 회한과 후회를 몇 번 말한 적이 있다. 도시에서 계속 살았으면 웬만한 남자보다 강단 있고 일머리 좋은 엄마였기에 집한 채 정도, 우리 가게 하나 정도는 충분히 이루고 살았으리라고.

그 말에는 지금까지도 이견이 없을 정도로 엄마는 강인한 사람이었다. 하지만 시부모님이 일찍 돌아가시자 장손인 큰아버지가 논밭 다 팔아 챙겨서 고향을 떠나 버렸다. 엄마는 허약한 남편과 시동생들과 한집에 살면서 억척스러운 농부가 되지 않을 수 없었다.

그 가난은 비수가 되어 엄마와 아버지의 입에서 입으로 날아다녔고 나는 매일 눈물을 참았다. 흘리지 않고 참고 삼키는 눈물은 피도 아니고 눈물도 아닌 이상한 액체가 된다. 혈관을 돌며 온몸과 마음을 삭이고 녹슬게 한다. 녹이 슬은 슬픔은 그냥 나 혼자 아픈 상처로 끝나는 것이 아니라 내 옆의 다른 누군가를 전염시킨다는 것을 알기에 나는 지금도 사람을 가까이하는 게 조심스럽다.

산꼭대기의 방향이 하늘로 쌓아 올려지는 것이라면, 그늘은 아래로 쌓이는 계곡 같은 것이다. 마음속에 계곡이 쌓여 메아리가 어지럽게 엉키는 사람들이 있다. 그런 사람은 숱한 그늘과 그림자 때문에 제 발에 제가 걸려 넘어지기도 하고, 설명하기 힘든 멍이 들어 쓰라리기도 한다. 그럴 때 나는 백지 속으로 숨었다. 백지가 주는 쓸쓸함과 차가움을 느끼며 입술 대신 손으로 오열을 뱉어낸다. 이런 순간의 글쓰기는 내 등 뒤에서 보내는 흐느낌이고, 나에게 미안하다는 고백의 포즈이다. 또는 내 오른손이 왼쪽 어깨를,

내 왼손이 오른쪽 어깨를 끌어안는 위로이다.

자기연민은 나약함의 표시지만 연민 없는 사랑이 있을 수 있을까.

나는 매일 부끄러운 아침을 맞이한다. 어떤 장르에도 들지 않는 날들이 물음표와 느낌표를 가지고 들이닥친다. 줄타기하는 광대처럼 다른 장르 사이를 위태롭게 걸어간다. 백지 위에 놓인 줄을 타며 발버둥 치지만 항복하거나 포기하지 않는다. 4차원으로 향하는 통로를 발견했기 때문이다. 글쓰기에는 꿈과 환상이 현실에 침입할 수 있는 통로가 있다. 그 길로 내가 나에게 보내는 연민과 사랑이 이동한다. 오늘도 나는 글쓰기와 현실을 오가며 내면의 산책로를 걷는다. 장르는 없다.

약자여도 괜찮아

장 세 현

헤어질 시간이 왔다. 지하철 문이 열리고 엄마의 손을 잡고 아장아장 걸음을 떼던 딸아이가 작고 귀여운 입으로 흘끗 돌아다보았다. 아빠는 왜 맨날맨날 우리 집에 안 와? 대답할 틈도 없이 문은 닫혔다. 딸아이를 실은 지하철은 요란한 굉음을 내며 어둠의 터널 같은 기억 속으로 빨려 들어갔다.

그 암흑의 시간 너머, 어느 소설에 나온 화두 하나가 흐느끼고 있었다. 호리병에 갇힌 새를 병을 깨지 않고 어떻게 꺼낼 수 있나? 이 풀기 어려운 화두가 마음을 옥죄었다. 정말 어떻게 하면 꺼낼 수 있을까? 지독한 고민 끝에 깨달았다. 화두를 풀기 위해 자신을 갉아먹는 동안 새는 서서히 호흡곤란으로 죽어가고 있다는 사실을! 좁은 병 속에서 질식하기 직전, 마침내 결론을 내렸다. 새가 죽기 전에 병을 깨뜨려야 한다!

깨진 호리병을 세상 사람들은 이혼이라 불렀다. 새는 탈출에 성공했으나 깨진 호리병에는 알이 갓 부화한 채 남아 있었다. 아장아장 걷기 시작할 무렵부터 두어 달에 한 번쯤 만났다. 첫 만남에 아저씨였던 사람이 아빠임을 눈치채는 데는 오래 걸리지 않았다. 매일 집에 오지 않는 아빠를 이상하게 여길 무렵부터 거리감을 두기 시작했다. 묻는 말에만 겨우 대답할 뿐 살갑게 다가오지 않았다.

그해 딸아이의 생일날, 조용한 카페에서 케이크를 자르고 선물을 줬다. 내내 인상을 찡그리던 아이가 엄마에게 귓속말을 했다. 나는 애써 모른 척 딴청을 부렸는데, 엄마가 아이의 말을 풍선처럼 터뜨렸다. 자기는 아빠를 싫어하니까 아빠도 자기를 싫어했으면 좋겠다고! 들리는 말이 아니라 화살처럼 날아와 귀에 꽂혔다. 울컥 목구멍을 타고 올라오던 슬픔의 덩어리를 간신히 희미한 미소로 변형시켰다.

"네가 암만 싫어해도 소용없어. 아빠는 끝까지 그러지 않을 테니까!"

시간이 약이라고 여겼다. 아직 어리니까 이솝우화에서 바람을 이긴 햇살처럼 아무리 폭풍우가 몰아쳐도 끝까지 햇빛을 간직한다면 마음의 빗장이 풀릴 거라고 믿었다. 그리하여 깊이 찔린 상처를 동여매고 돌아와 울지 않고도 쓰라린 밤을 견딜 수 있었다.

그것이 섣부른 낙관이었음을 그때는 몰랐다. 딸아이의 고집은 나를 닮아 한번 먹은 마음은 여간해서 돌리지 않았고, 이 고래 심줄 같은 아이를 어찌 대해야 할지 난감했다. 아빠 노릇이 처음인 나는 오답을 남발했다. 주위에서 던진 설익은 조언과 충고를 실행에 옮겼다가 벼락 맞기 일쑤였다. 초경에는 꽃다발과 속옷을 꼭 사줘야 한다고 권유한 친구와는 심하게 다투어 사이가 서먹해지기도 했다.

만남의 횟수는 줄어갔다. 늘 엄동설한의 분위기를 풍기는 딸아이 앞에 서면 저절로 몸이 움츠러들었다. 그래도 꾸준히 만나야 한다는 믿음은 굳건했다. 흘러간 시간은 다시 오지 않으니까. 꽃이 필 때를 놓치면 열매를 맺은 뒤에 아쉬워해도 늦은 거니까. 인생의 매 순간이 처음이자 마지막이니까. 지금은 싫어서 인상을 찡그릴지언정 언젠가 회고할 추억으로 남을 거니까!

아, 그러나 아이가 심술을 부려도 자꾸 봐야 정이 쌓이고 벽이

허물어질 거라는 생각은 패착이었다. 도리어 가슴 밑바닥에 울화와 저항감만 쌓여간 듯하다. 엄마의 손에 억지로 끌려 나온 만남의 시간이 자신의 상처를 들여다보는 현장이었을지 모른다. 서로 눈도 마주치지 않는 냉랭한 엄마와 아빠 사이에서 줄타기하는 뼈아픈 실존의 상처! 그걸 알아채지 못한 게 뒷날 큰 후회가 되었다. 차라리 긴 세월 만남을 유보했더라면 결핍에서 오는 그리움으로 핏줄에 대한 애착이 싹트지 않았을까? 모를 일이다. 고삐 풀린 망아지처럼 마음 밖으로 멀리 달아난 딸아이를 망연히 바라보며 발만 동동 구를 뿐, 서툴기만 한 아빠로선 해답을 찾지 못했다.

벌이라도 달게 받아야 했다. 프로메테우스처럼 바위산에 올라 자신을 결박하고 간을 열었다. 매번 싱싱한 간을 제공하기 위해 몸에 지닌 노동력을 죄다 내다 팔았다. 미련했다. 그렇게 빌 죄가 아닌 걸 모르고 아픈 간만 재생시켰다. 마지막 대학 등록금을 납부함으로써 스스로 지은 결박을 풀고 바위산을 내려왔다. 바뀐 건 아무것도 없었다. 초중고는 그렇다 쳐도 이제 철도 들었으니 그간 학비를 댄 공을 봐서라도 대학 졸업식에는 부르지 않을까 헛된 기대를 품었지만 물거품이었다. 여전히 어린 시절의 그 생일날에 딸아이는 머물러 있고, 나 또한 여전히 그 마음 밖에서 벌을 서는 중이다. 벌이 언제 끝날지 알 수 없다. 영원히 끝나지 않을지도 모른다.

이따금 꿈을 꾼다. 꿈속에서 딸은 더없이 살갑고 정겹다. 내가 꾸며놓은 마음 꽃밭에서 봉숭아를 따 손톱 물을 들이며 장난을 치고 논다. 그리움이 변해 원망으로 쌓이다 보니 괜히 앙탈을 부린 거구나, 싶게 다정다감하다. 그게 꿈인 걸 알아도 행복감에 취해 오래도록 이불을 뒤집어쓰고 나오질 못한다. 현실이 절망이 되고, 절망이 체념이 되고, 체념이 깊어진 뒤로는 아무리 애써도 그런 꿈을 꾸지 못한다. 꿈과 현실의 괴리가 무의식에도 각인된 모양이다.

꽃이 피거나 질 때, 풀벌레 울음이 쓸쓸하거나 눈발이 흩날릴 때 문득 궁금해진다. 잘살고 있을까. 행여 심기를 불편하게 할까 봐 그럴싸한 핑곗거리가 아니면 연락을 안 한다. 아니, 못한다. 답이 돌아오지 않거나 돌아오더라도 아주 짧게, 때론 감당하기 어려운 예측불허의 반응으로 인해 휘청거린 충격이 있기 때문이다. 가뭄에 콩 나듯 먼저 연락이 오는 건 금전이 궁할 때다. 겨우 은행 계좌의 존재밖에 안 되는구나 싶어 서러워지다가도 이렇게나마 비빌 언덕으로 생각하니 얼마나 다행인가 싶어 혼잣말처럼 중얼거린다.

'네 앞에서 난 항상 약자야. 더 많이 좋아하는 쪽이 약자거든. 그러니 평생 널 이길 수 없을 거야.'

늘 지기만 해도 괜찮다. 약자여서 아파할 때도 있지만 약자여서 행복할 때도 있다. 깨진 호리병은 최선도 차선도 아니고 최악을 피하기 위한 차악이었다. 하지만 딸아이한테만은 늘 최선이고 싶었다. 그러자면 뾰족해지려는 마음을 늘 갈고 다듬어야 한다. 거친 파도가 몰아치는 바닷가 몽돌처럼 둥글어져야 한다. 부모가 자식을 낳아 기르는 것인 줄만 알았는데, 돌이켜보니 자식이 부모를 낳아 기르며 단단하게 성장시키는 존재였다.

편견을 향한 편견을 보다

이윤화

"아니, '사람'을 달라고 했더니 '장애인'을 주는 거 있지."

30년 지기 친구들 모임이 있는 날이었다. 여섯 명이 모였다. 입에 착착 감기는 만두전골을 먹은 후 느릿느릿 밤의 청계천 변을 걷다가 작은 찻집에 들어갔다. 대추차를 홀짝이며 막 나른함에 빠져들던 순간이었다. 평소에도 큰 현의 목소리가 그날따라 더 크게 귀에 와서 꽂혔다. 나의 시선이 현을 향했다.

　6개월 계약직이라고 했다. 얼굴은 예쁘고 애는 착하다며, 정신은 멀쩡해서 가르치면 알아듣는다고 했다. 현은 충원된 신규 지체 장애 직원을 그렇게 설명했다. 네 몸으로 할 수 있는 일과 없는 일은 꼭 얘기하라고 했다는 것으로 보아 현은 이해심 많고 부하 직원을 배려하는 상사로 보였다. 현의 불만이 정확히 무엇인지는 모른다. 충원해 준 직원이 계약직이어서인지, 신규라서인지, 장애인이어서인지 묻지 않았다. 정규직으로의 전환을 꿈꾸지만 한 곳에서 진득하게 업무를 배울 기회조차 주어지지 않는 사람들. 매번 신규이고 매번 계약직인 나이 많은 지체장애인에게 온통 마음이 가 있었다.

　둘째 아이에게 발달장애가 있다는 사실을 친구들에게 말하지 않았다. 처음엔 혼돈과 슬픔에 잠식되어서였고 조금 지나서는 공감받고 싶은 내 욕심에 걸맞은 표현을 찾지 못해서였다. 둘째가 스무 살이 될 무렵엔 새삼스러운 마음이 들었다. 긴 세월 동안 친한 친구들에게 고백하지 못한 것에 대한 부채감이 생겨났다. 여행을 가거나 개별적으로 만날 기회가 생길 때마다 말을 꺼낼까 말까 망설이곤 했다.

　현의 이야기는 계속됐다. 이번엔 안내를 담당하는 타 부서 직원에 관한 것이었다.

"엄청 큰 소리로 인사하며 들어와서, 되게 친절한 사람이구나, 했는데 알고 보니 뭘 몰라서 그런 거였어."

대화할 때 실감 나게 표현하는 걸 즐기는 현은 곧바로 그 직원을 흉내 냈고 다른 친구들은 현의 모습을 보며 박장대소했다. 그 속에서 나의 심장 박동은 급격히 빨라졌고 얼굴은 화끈거렸고 표정은 굳어졌다. 그런 사람이 어떻게 회사에서 일하냐고 묻는 친구, 장애인 고용이 의무이고 어기면 벌금을 낸다는 현의 대답이 이어졌다. 장애인 의무 고용률 위반에 따른 고용부담금에 관한 이야기였다.

그 순간 친구들에게 둘째의 장애를 절대로 말하지 않겠다고 결심했다. 영영 말하지 못할 것 같은 마음이 되었다. 직장 생활을 할 수 있는 발달장애인이라면 중증장애인이 아닐 텐데, 우리 둘째 아이보다 훨씬 장애 정도가 약한 사람일 텐데, 우리 애가 그 정도라면 부러울 게 없을 것 같은데. 불편했다. 현의 말하는 태도 때문인지, 듣고 있던 친구들의 반응 때문인지, 아니면 그 모두를 바라보는 동안 일어난 나의 감정 때문인지 복잡하고 답답했다.

물리적으로나 심리적으로 가까운 사람들에게 둘째의 장애 사실을 말하는 것이 어렵다. 그들이 내가 바라고 기대하는 만큼 나를 이해하지 못할 거라고 생각했다. 내 아이와 내 삶을 있는 그대로 존중하지 못할 거라고 지레짐작하곤 했다. 짐작이 확인되면 내가 더 크게 상처받고 그들을 미워하게 될까 봐 본능적으로 차단했던 것인지도 모르겠다.

현과 친구들이 지체장애인에 관해 이야기할 때 장애인이라는 이유만으로 그를 동정하고 그의 엄마가 불행할 거라 판단하는 듯한 말을 여러 차례 들었다. 발달장애인을 묘사할 때는 현의 과장된 표현과 친구들의 웃음이 발달장애인의 특성을 희화화하는 것으로 보였다. 누군가 가십거리로 나에 대해 말하는 것을 몰래 지켜본 것 같은 기분이었다. 내 이야기를 털어놓으려면 그들을 계몽시켜야 할 것 같았다. 뭔가 제대로 알려주고 싶어도 어디서부터, 어떻게, 무엇부터 말해야 할지 막막하기만 했다.

친구들이 둘째의 장애를 알고 있었다면 어땠을지 상상해본다. 현이 장애인을 그렇게 묘사했을까. 아니면 내 앞에서는 아예 말을 꺼내지 않았을까. 관심을 갖고 무언가 내게 물어올 수도 있었으려나. 나는 친구들의 생각을 멋대로 추측하고 오해하고 침묵함으로써 그들에게 나와 내 삶을 알 기회, 나와 내 아이의 삶을 통해 장애인이나 또 다른 소수자들의 삶에 관심을 갖고 이해할 기회조차 주지 않는 건 아닐까.

친구들이 비장애인으로서 우월감을 느끼든, 장애인에 대한 부족한 정보로 생겨난 오해였다는 것을 알게 되든, 배우지 못해 감각하지 못한 자기 인식의 오류를 발견하든, 그도 아니면 장애인을 표현하는 언어만이라도 순화시키자고 다짐하든, 이후에 일어날 모든 일은 다 그들의 몫이다. 나의 강박적 성격이 그마저도 통제하고 싶어 한다는 걸 깨닫는다. 친구들의 편견과 고정관념을 짐작하다 보니 그들을 향한 나의 편견을 보게 된다.

절대로 말하지 않겠다던 결심은 사라졌다. 둘째의 장애를 얘기하고 관련한 사회적 이슈나 사안들에 대해 허심탄회하게 대화할 수 있을지는 모르겠다. 하지만 내 생각의 편향을 보았으니 내가 입을 닫는 이유를 적어도 친구들 탓으로 돌리지는 않을 수 있을 것이다. 크게 상처받지 않으면서도 차근차근 대화할 수 있을 만큼 내공이 쌓이거나, 상처받더라도 끝내 말하고 싶은 용기가 생기는 날이 오기를 바랄 뿐이다.

나는 조금씩 어른이 되어 간다

윤 종 원

아들 녀석이 다녀갔다는 말을 들었다. 아내의 가게에 찾아온 아들은 혼자가 아니었다고 한다. 결혼을 전제로 만나는 여자를 데리고 왔으니 아내의 목소리가 오랜만에 꾀꼬리다. 아들은 내내 비혼을 고집해왔다. 포기인지 선택인지 모르겠지만 일단 아들의 결정을 존중해 주었다. 부모라고 해서 선뜻 개입하기 어려운 문제였다. 한 발 떨어져서 있는 동안 걱정과 조바심이 쌓였다. 그런 아들이 결혼하겠다고 하니 얼마나 다행이고 감사한 일인가. 아들의 비혼 생각을 뒤집은 아가씨가 너무 고마웠다.

이번에는 내 차례였다. 예비 며느리를 만날 생각에 달뜬 날들을 보냈다. 아들을 결혼시킨 친구들에게 조심스럽게 물어보았다. 아가씨와 첫 만남에 내가 무엇을 해야 하는지. 공통된 대답이 나왔다. 일단 괜찮은 식당과 커피숍을 예약하라는 말이었다. 내 생각은 전혀 달랐다. 초면에다가 어쩌면 시부모가 될지도 모르는데 편하게 밥이 넘어갈까 싶었다. 고민 끝에 저녁 식사를 마치고 오라 했다. 우리가 만날 장소는 카페로 정했다.

두 아들이 성장을 보면서 나는 어떤 시아버지와 할아버지가 될까 생각한 적이 있다. 마당이 있는 이층집을 짓고 싶었다. 마당에 큰 개를 키우면 손자들이 좋아할 것 같다. 이층집은 비워 둘 생각이다. 시댁에 다니러 온 며느리가 잠시라도 편하게 쉴 공간을 만들어 주고 싶어서다. 삶이 늘 녹록하지 않으니 아들 내외도 살다가 힘든 일을 겪을 수도 있다. 그럴 때 부담 없이 찾아갈 집이 되었으면 좋겠다.

훗날 며느리가 생기면 세 가지를 물어보려 한다.

첫 번째는 생일이다. 며느리를 딸처럼 대할 수는 없겠지만, 제 2의 부모가 되어줄 수는 있을 것이다. 생일 전날 문자를 보낼 생각이다. 태어난 걸 축하하고 내 아들의 아내가 되어주어서 고맙고 우리 며느리가 되어주어 행복하다고. 마음과 함께 꽃과 용돈도 보낼 것이다. 무뚝뚝하고 무심한 아들 녀석이 잊어버리지 않도록 미리 일러두는 것 또한 계획 중 하나다.

두 번째는 계좌번호다. 매월 첫날 아침, 용돈을 이체해 주려고 한다. 지난달 살아내느라 수고했다는 의미다. 새로 시작된 달을 응원하는 마음이기도 하다. 며느리 혼자 분위기 좋은 곳에 가서 커피를 마셔도 좋고 쇼핑을 해도 좋다. 어디에 쓰든 본인을 위해서만 사용하라고 일러줄 참이다. 이건 며느리와 둘만 아는 비밀이었으면 좋겠다.

세 번째는 좋아하는 음식이다. 그 음식 조리를 배울 생각이다. 며느리가 집에 오면 한 끼 정도는 내 손으로 만들어서 차려주고 싶다. 처음이야 서로 어색하고 불편할 수도 있지만 한번 두 번 하다 보면 익숙해질 것이다. 음식이 진심이고 어른의 사랑임을 느낄 수도 있지 않을까.

소풍처럼 기다린 아들이 내려오는 날이다. 결혼 전 장모님께 인사 갈 때가 생각나서 슬며시 웃음이 나왔다. 그때는 쫄았고 지금은 떨린다.

이발은 삼 일 전에 했고 며칠 전부터 밤마다 팩도 했다. 일찍 퇴근해서 목욕탕에 들렸다. 손발에 스며든 노동의 지문도 박박 지

왔다. 이렇게 첫 만남을 준비했다고 말하니 친구는 하는 거 봐서 해주라고 한다. 실소가 나왔다. 상대가 못한다고 나도 그에 맞추어서 행동한다면 그게 가족일 수 있을까. 그게 어른다운 어른일까. 모범을 보이고 관계를 잘 이끄는 게 내 몫이다.

반가운 얼굴이 보인다. 먼저 와 있던 나는 자리에서 일어나 마중을 나갔다. 아들보다 먼저 아들의 여자 친구에게 묵례로 인사를 했다. 그런 다음 아들을 안아주었다. 차를 주문하고 준비한 꽃바구니를 내어놓았다. 귀한 인연을 꽃으로 환영하고 싶었다. 에어컨 바람에 "환영합니다. 남자 친구 아빠"라고 쓴 리본이 내 마음처럼 펄럭인다.

담소를 마치고 두 사람을 내가 운영하는 매장으로 데리고 왔다. 아가씨에게 마음에 드는 신발과 가방을 고르라고 했다. 아들에게는 아가씨 신발을 신겨주라며 자리를 피해 주었다. 멀찍이 떨어져 두 사람의 모습을 보니 이보다 행복할 수는 없다. 아빠를 전혀 신경 쓰지 않고 여자 친구에게 싹싹하게 잘하는 아들이 예쁘다. 참 다행이다. 봉오리 터진 봄꽃을 보는 기분이다.

돌아가야 하는 길이 두 시간 거리라 서둘러 작별 인사를 했다. 미리 은행에서 신권을 바꿔 봉투에 넣어두었다. 봉투를 주니 한사코 받지 않으려 한다. 기름값에 보태고 맛난 것 사 먹으라고, 어른이 주는 돈은 받는 게 상책이라며 웃었다. 아가씨 표정이 처음보다 조금은 편해져 보여서 다행이다 싶었다.

언제 완전한 어른이 될지는 모르겠지만, 나는 조금씩 어른이 되어간다.

아가씨 덕분에 하루 더 성숙한 어른이 된 것 같다. 아들의 결혼은 나를 성장시킬 것이다. 며느리와 손주들 보며 지금보다 따뜻한 온도로 성숙할 거라 믿는다. 삼대를 현명하게 이끌어 갈 지혜로운 어른이 되길 소망한다.

우연한 연결

이 수 현

점심시간 지나고 내가 일하는 행정복지센터에 전화가 왔다.

"전입신고에 관해 물어보려고요. 혹시 저랑 애들이 남편과 다른 주소에 전입 신고해도, 남편이 저희 등초본을 뗄 수 있나요?"

"네. 가족끼리는 주소 다르셔도 발급받으실 수 있습니다."

"아……. 그래요? 다른 방법은 없나요? 남편이 우리 주소를 알면 안 되는데."

그때, 한줄기 생각이 스쳤다. 편람 한구석에 조그맣게 나와 있던 예외적인 경우일지도 모른다는 글귀였다. 혹시 가정폭력 피해자에 해당한다면, 가해자가 피해자와 그 자녀의 초본을 못 떼게 제한하는 제도가 있다고 말해주었다. 여자는 곧 이혼할 예정이라고 말했다.

"이혼 전에 잠시 애들 외삼촌 집에 모르게 가 있으려고 하거든요. 전입신고 안 하면 남편이 등본을 떼도 모르겠지만, 막내가 초등학생이라 전학을 가야 해서. 전입신고 안 하면 전학 못 가지요?"

그건 교육청에 물어봐야 할 사안이었다. 나는 알아보고 연락하겠다고 말하고선 통화를 잠시 중단했다.

전화기를 들고 있는 손에 땀이 쥐어지고 이가 달달 떨렸다. 나도 생전 처음 해보는 제도인데 어찌 생각이 났을까. 보통은 앞에 번호표를 뽑은 다른 민원인의 일을 처리하기도 바빠서 전화가 오면 물어보는 질문에만 간단히 대답하고 끊는다. 이혼하기 전이면 법률상 가족이니 남편이 배우자와 자녀의 등초본 뗄 수 있다. 우리는 전입신고 후 초등학교 접수증만 끊어준다. 전학에 관해 더 알고 싶다면 교육청에 문의하라는 말만 해왔다.

오늘은 달랐다. 내가 직접 1366 여성긴급전화에 전화해 민원인의 상황을 전달하고 전학 건까지 물어보았다. 확인 결과, 입증 서류인 상담사실 확인서 떼어줄 수 있는 가까운 상담소 연결해 준다고 했다. 그리고 가정폭력피해자에 한해 꼭 전입 신고하지 않아도 전학 갈 수 있는 '비밀전학' 제도가 있다는 사실을 알았다. 나는 문의했던 여성에게 전화해서 정보를 전달해 주었다. 그녀가 조금 안심하는 듯했다.

어린 시절 아빠는 두텁고 커다란 손으로 엄마를 폭행했다. 힘없는 엄마는 세면대 바닥에, 옥상 계단에 부딪히고 쓰러졌다. 나는 아무것도 못 하고 지켜보기만 했다. 엄마의 눈과 팔에 시퍼렇게 들었던 멍이 갈색으로 착색되기 전에 엄마는 사라졌다. 엄마가 보고 싶었지만 동시에 오랫동안 꽁꽁 잘 숨어 있길 바랐다. 그러나 아빠는 엄마를 금세 찾아냈다. 그 시절에도 이런 제도가 있었더라면 어땠을까 하는 생각이 들었다. 가정폭력 피해자를 돕는 등초본 제한 발급제도를 처음 제안한 사람에게 고마운 마음마저 생겼다.

어린 시절의 내 가족과 비슷한 사람을 만나면 어떤 도움을 줄 수 있을지, 내가 과연 알아볼 수 있을지 의문이었다. 전화기 너머 들려오는 떨리는 목소리에서 어린 시절의 내가 떠오를 줄은 몰랐다. 서로를 알아보는 건 본능이었다. 이미 겪어본 사람이 현재 고통받는 사람을 먼저 알아보는 게 당연했다. 민원인의 삶이 나와 연결되기도 하는구나. 복지센터 일을 하면서 처음 겪은 일이었다.

다음 날, 나와 통화했던 여성이 딸과 함께 센터로 찾아왔다. 상담사실 확인서를 받아 온 모양이었다. 신청서를 쓰는 손이 연신 흔들렸다. 여전히 겁에 질린 것 같았다.

"그런데 남편이 이거 알면 어떡하죠? 우리가 이런 거 신청한 거 알 수도 있나요?"

발급 제한이 된다는 사실이 바로 남편에게 통보되는 건지 걱정하고 있었다. 추후 제한 당사자가 피해자와 자녀의 주민등록 등초본을 떼러 오면 그때야 발급이 제한되어있다는 사실을 알게 되는 거라고, 우려하시지 않아도 된다고 알려드렸다. 물론 그때 제한 당사자는 펄펄 뛰겠지만 말이다. 아주머니와 큰딸이 열람 및 발급 제한 신청과 전입신고를 무사히 마치고 문을 나섰다. 이제 남편이 아내와 자녀 셋의 등초본을 발급하려고 하면 전국 어디서든 빨간 글씨의 알림창이 뜰 것이다.

'가정폭력 피해자입니다. 등초본이 제한됩니다.'

너의 미래가 나의 현재는 아니길

이정오

언제부턴가 아이와의 동행은 늘 숙제 같다. 지인들과 점심 먹으러 가는 길, 아이는 뾰로퉁해 있다. 집에서 라면을 먹겠다는 아이를 억지로 데리고 나온 까닭이다. 배도 아프단다. 아이는 자기 볼 일 아니면 불만이 먼저 튀어나오고 그런 아이를 보는 나는 분노가 먼저 튀어나온다. 주문한 음식이 나왔는데도 손 놓고 앉아서 창밖만 멀뚱멀뚱 쳐다보는 꼬락서니를 보고 있으려니 내 입맛까지 달아났다.

"진짜 안 먹을 거야?"

"배 아프다니까. 그냥 앉아만 있어도 된다며!"

한 마디도 지지 않는 딸. 그 모습이 마음에 안 드는지 옆에 앉은 남편도 한마디 했다.

"알았어. 대신 이번 여행은 취소다."

아, 이런! 협박은 양육의 독이라는데 남편의 주 무기가 발사됐다. 아이는 맨밥을 딱 세 숟가락 먹었다. 제 딴에는 억울한 모양인지 눈물이 그렁그렁하다. 지인들과의 식사 모임인지라 큰 소리도 못 내고 눈빛으로만 레이저를 쏘다 보니 솥밥의 밥보다 내 속이 더 까맣게 탔다.

누굴 닮아 저 모양일까 하다가 곧바로 입을 닫는다. 인생은 모사摹寫라고 자식이 부모를 닮지 누굴 닮겠나. 요즘 딸과의 잦은 전쟁 속에서 불쑥불쑥 생각나는 말이 있다.

"더도 말고 덜도 말고 꼭 너 같은 딸 낳아 키워 봐."

내 엄마가 나 때문에 복장 터질 때마다 던졌던 돌직구. 그땐

미처 몰랐다. 엄마의 말이 이렇게 족집게 같은 예언이 될 줄은.

아이의 불만 가득한 언행은 나의 과거이며 현재이기도 하다. 열네 살의 나도 가족끼리 외출할 때마다 차 뒷좌석에서 딱 그 표정으로 앉아 있었다. 지금은 남편과 싸울 때마다 그런 표정이 나온다. 치켜뜬 눈, 댓 발 나온 입. 불만과 불평의 비언어적 표현은 상대방의 속을 헤집어 놓고야 만다. 사람이란 본디 본대로 사는 법이니 아이를 향한 화살은 결국 부메랑이 되어 나에게 돌아오고 만다.

딸을 보면서 내 인격의 상당한 지분도 엄마 아빠에게서 왔음을 실감한다. 어떤 면에서는 닮고 싶지 않았고 절대 닮지 말자고도 다짐했는데 문득문득 나에게서 엄마의 말투와 아빠의 표정이 나오곤 한다.

이럴 땐 꼭 장모님 같더라, 당신 장인어른이랑 똑같은 거 알아? 비꼬는 듯한 남편의 말은 내 감정의 발작 버튼을 누른다. 이중 분노가 발사된다. 내 부모까지 욕먹는 기분이지만 부정할 수 없다는 사실에 자존심마저 무너지는 지점이다. 이런 경우 싸움은 더욱 격해진다. 3대 1로 싸우는 모양새다. 아이가 뻔히 보고 있는데도 싸움을 멈출 수 없다. 싸우는 부모 밑에서 두려움을 먹고 자란 내가 아이 앞에서 이러면 안 되는 건데 나는 싸울 때마다 통제 불능이 되고 집안 분위기는 살벌해진다. 감정의 쓰나미가 지나간 뒤에 찾아오는 이성의 여진은 나를 한 번 더 흔들어 놓는다.

　서른여덟에 아이를 낳았다. 난임과 노산의 험난한 과정을 거쳐 내게 온 아이를 품에 안는 순간은 지금도 잊을 수가 없다. 태명을 불러주자 울음을 멈추고 내 소리에 집중하는 그 모습이 어찌나 사랑스럽던지, 세상에서 가장 못생긴 천사였다. 남편과 나는 신생아실에 누워 있는 아이를 보며 '나를 좀 더 닮았으면' 하는 부질없는 눈치 싸움을 계속했다. 아이가 자라가면서 닮은꼴 찾기는 생김새에서 행동으로 옮겨졌다. 그림 잘 그리는 건 엄마 닮았네, 수리에 밝은 건 아빠 닮았네. 좋은 것이든 나쁜 것이든 일단 나를 조금이라도 더 닮았으면 하는 시절이었다. 방귀 뀌는 소리도 닮았다며 깔깔거리는 게 부모라는 이상한 존재들이니까. 부모의 일거수일투족을 흡수하는 아이의 능력은 거의 초능력 수준이었다. 까칠한 입맛에 고약한 잠버릇까지, 가르쳐 주지 않은 세밀한 부분마저 닮은 걸 보면 신기할 정도다. 서로의 닮은꼴로 하하 호호하던 우리 부부는 언젠가부터 같은 문제로 티격태격하기 시작했다.

"도대체 누굴 닮아 이 모양이니?"

　누굴 닮았냐는 문제는 아이와 상대를 한꺼번에 공격하는 무기로 변했다. 어차피 아빠 반 엄마 반 일 텐데 부모는 무참한 총알들을 쏘아대고 상처는 아이가 입는다.

딸에게서 내가 보일 때가 종종 있다. 그리고 딸을 대하는 내 모습에서 엄마가 보이기도 한다. 엄마와 딸 사이에 있는 나란 존재는 마치 작은 바람에도 금방 휘청이는 흔들다리 같다. 엄마도 그랬을까? 엄마가 나에게 화를 냈던 수많은 이유 중에는 나에게서 보이는 당신의 못마땅한 모습도 있었을까? 내가 지금 그런 것처럼 엄마도 딸의 미래가 당신의 현재 같을까 봐 두려웠는지도 모르겠다.

아이는 부모의 말을 듣고 자라는 게 아니라 부모의 등을 보고 자란다고 한다. 함께 하는 시간이 길어질수록 숨길 수 있는 것보다 들키는 게 더 많아진다. 게다가 갱년기와 사춘기가 겹친 모녀의 일상은 말 그대로 질풍노도의 시간이다. 하루하루가 지뢰밭이고 두 여자의 호르몬 충돌은 제삼자의 중재도 통하지 않는 영역이다. 아이의 인생은 아이 몫이고 닮았다 한들 반반의 확률이다. 하지만 내가 평생 안고 살았던 고질병까지 닮는 유전자의 힘을 느낄 때 아이도 나처럼 실패하고 불행한 인생을 살면 어쩌나 싶은 마음이 먼저 든다. 그럴 때마다 나는 주문을 외우듯 기도한다. 제발 나만 닮지 말라고. 엄마처럼 되진 말라고.

두 노인이 사는 집

김 현 미

아래층에는 두 노인이 산다. 수년간 아무도 찾아오지 않는다. 밤이 되면 바깥에서 아래층을 올려다보곤 했다. 그때마다 불이 켜져 있는 적이 한 번도 없었다. 깊이를 알 수 없는 컴컴한 적막만이 베란다로 흘러나왔다. 오랫동안 지속한 무거운 어둠은 사람이 사는 집이라고 생각하기 어려웠다.

극도로 전기를 아끼고 있는 것 같았다. 가끔 안방 쪽에서 아주 희미한 빛이 보이곤 했는데 TV 화면에서 나오는 빛이었다. 두 노인은 어두워지기 전에 이른 저녁 식사를 끝내는 모양이었다. 그리고는 그대로 어둠에 잠겨서 TV 화면이나 바깥 가로등에서 흘러들어오는 흐릿한 불빛에 의지해서 생활하는 것이 습관이 된 것이리라.

그들을 현관 앞 복도에서 마주치기라도 하면 서로가 얼굴을 들킬까 봐 고개를 수그린다. 마치 인사를 나누는 예의 바른 이웃처럼. 서로 스쳐 지나고 나면 쓴웃음을 짓지 않을 수 없는데, 1년 전 두 노인과 우리 부부는 충간소음 문제로 심각한 갈등을 겪었기 때문이다.

할아버지는 겉보기에도 점잖고 말씨도 정중해서 좋은 이웃이라고 생각했다. 그런데 이사 오자마자 이삼일에 한 번씩 우리 집 도어벨을 누르기 시작했다. 처음엔 미소 띤 얼굴로 가구 같은 걸 자주 옮기느냐고 물었다. 이사 온 지 얼마 되지도 않았을뿐더러 나는 혼자서 그런 일 할 만큼 살림꾼이 아니어서 전혀 그런 적 없다고 대답했다. 그러자 의자나 식탁을 드르륵 끄는 소리가 매일 나니까 조금만 조심해 달라고 정중하게 부탁하는 것이었다. 너무나 정중해서 나도 모르게 알겠다고 말하고 말았다.

대낮에 집에는 나뿐이고 나는 거의 집안을 돌아다니지도 않았다. 설거지하고 세탁기 돌리는 일이 다였다. 아이들이 대학에 가면서 청소기도 자주 돌리지 않을 정도로 게을러져 있었다. 대체 무슨 소리가 들린다는 것인지 아무리 생각해도 알 수 없는 일이 었다. 그 후로 노인은 거의 매일 올라왔다. 바닥에, 특히 부엌 바닥 전체를 매트로 덮어 버렸다. 이제는 뭐라고 못하겠지. 하지만 다음날 또 올라왔다. 나는 들어와서 보라고 했다. 매트도 깔았고 문간방은 아무도 쓰지 않는 빈방이어서 소리가 날 리가 없다고 말해주었다.

나도 언성을 좀 높였다. 낮에는 집에 나 혼자여서 조용하다고, 밤이라 해도 뛰어다니는 어린애도 없고 밥 먹고 난 후에는 설거지할 때 외에는 아무도 움직이지 않는다고, 각자 방에서 티브이를 볼 뿐이라고. 그때 노인이 "앗! 이 소리야!" 하며 현관 위쪽을 손가락으로 가리켰다. 위층에서 정확히 가구를 질질 끄는듯한 소리가 들렸다. 그 소리는 나도 매일 듣던 소리였다. 노인은 왜 저기서 저런 소리가 나는 거지? 라는 표정으로 당황해하는 얼굴이었다.

"할아버지 이 소리 저는 매일 들어요. 이쪽뿐 아니라 저기 안쪽 큰애 방에서는 더 큰소리도 나요. 피아노 소리도 시도 때도 없이 들리고요. 그런데요. 아파트에 살면서 이런 소리 그렇게 거슬린다면 할아버지께서 이사 가셔야 해요. 사람들이 모여 사는 곳인데 어떻게 아무 소리 없이 쥐죽은 듯이 살겠어요. 저는 이 소리 거의 의식하지도 못하고 살아요. 저기 밖에서 들리는 오토바이나 자동차 소리는 어떻게 견디세요?"

노인은 허리를 90도로 구부리며 죄송하다고 말하곤 돌아갔다. 나는 그것으로 다 끝난 줄 알고 속이 후련해져서 오랜만에 기분까지 좋아졌었다. 하지만 사흘째 되는 날 현관문을 열자 편지봉투 하나가 툭 떨어졌다. 그날부터 편지가 오기 시작했다. 몇 시부터 몇 시 몇 분까지 무슨 소리가 났다는 시간대를 시 분 단위로 꼼꼼히 기록한 편지였다. 나는 관리사무소로 갔다. 노인도 관리사무소에 뭐라고 한 모양이었다. 관리실에서 남편에게로 전화가 가면서 일이 점점 커졌다.

어느 날 노인과 마주친 나는 마침 옆에 아들이 있어서 용기를 내서 따지기 시작했다. 그때 처음 보는 할머니가 나오더니 내게 맞섰다.

"아유 새댁 왜 이리 시끄러워요? 조용히 말해요. 아니면 편지를 써요. 난 시끄러운 거 딱 질색이야. 나 우울증약 먹는 사람이에요. 위층에서 소리가 날 때마다 가스폭발이라도 하고 싶은 심정이야. 알겠어요?"

알고 보니 할머니는 문간방에서, 할아버지는 안방에서 각방을 쓰고 있었다. 문제의 출발은 이 할머니였다는 것을 그때 알았다.

할머니는 자기 방 천장에서 매일 가구 끄는 소리가 들리고 쿵쿵
거려서 잠을 잘 수가 없어 죽을 것 같다고 했다. 우리 집의 그 방
은 빈방이라고 말해 주었지만 소용없었다.

말이 통하지 않자 분통이 터진 나는 소음측정을 하자고 했다.
그리고 아들이나 딸의 연락처가 있으면 나에게 알려 달라고 했다.
자식들도 이 일을 알아야 하지 않겠느냐고. 자식들 이야기가 나와
서 그랬는지 모르겠지만 그 후로 마치 썰물이 져나간 것처럼 조
용해졌다. 나는 경찰에 정식으로 신고까지 할 심산으로 단단히 각
오하고 있었건만 노부부는 두 번 다시 눈에 띄지 않았다.

오늘도 두 노인의 집은 쥐죽은 듯한 적막과 짙은 어둠에 잠겨
있다. 그들은 마치 어둠 속에서 어둠 그 자체가 되어가고 있는 것
같다. 이미 사라지고 없는지도 모른다. 밤에 불이 켜지지 않는 집.
사람의 목소리나 인기척도 없는 집. 그러나 그 집에는 두 노인이
살고 있다.

너는 너이고 앞으로도 너일 것

Sunny Kim

캘거리에서 큰아들 결혼식을 치르고 온 로라를 만났다. 그녀는 휴대전화에 저장된 사진들을 보여주면서 자랑을 늘어놓았다. 결혼식이 얼마나 성황이었는지 사진으로 보이는 분위기와 참석 인원만 봐도 알 수 있었다. 잘 차려입은 가족들과 하객에 둘러싸인 신혼부부의 자태가 꽃보다 아름다웠다. 나는 신랑·신부를 중앙에 두고 양가 부모들이 나란히 선 사진을 가리켰다. 사돈 부부가 정말 인자해 보인다는 내 칭찬에 로라가 고개를 가로저으며 말했다.

　　"오, 노. 사돈 아니야. 내 전남편과 그의 재혼한 와이프야!"

　　순간 나는 표정관리가 안 될 만큼 당혹감을 감출 수 없었다. 그러니까 사진 속에 있는 부모들은 신랑의 친엄마와 새 아빠 그리고 친아빠와 새엄마였다. 내가 알고 있는 로라의 남편 해리는 재혼이라고 했다. 이번에 결혼한 아들은 전남편과의 사이에 낳았는데 어릴 때 부부가 이혼하며 로라가 맡아 키워왔다. 이혼으로 부부관계는 정리됐지만 각자 재혼 후에도 아들에게는 부모로서 책임을 다했다. 결혼식에도 각자 재혼한 배우자의 가족들까지 참석해 성대하게 마쳤다고 했다. 한국에선 있을 수 없는 일이라고 하자 로라는 여기선 흔한 일이라고 말했다.

　　그리고 보니 아들의 학교 친구들만 봐도 그런 형태로 사는 가족이 많았다. 이혼한 후라도 가까이 살며 아이들을 공동 양육했다. 학교에 행사가 있으면 부모로서 기꺼이 함께 참석했다. 아이의 학업에 관심을 가지고 의논하는 모습은 여느 부부들과 달라 보이지 않았다. 한동네에 살기에 간혹 길에서 각자의 배우자를 대동하고 맞닥뜨릴 때도 자연스레 서로 인사를 주고받는 모습이 신기했다. 한 마디로 '따로 또 같이'를 실천하는 관계에 대한 태도는

문화 충격이었다. 그런 부모를 둔 친구를 흔하게 보며 자란 아들은 우리 부부가 말다툼이라도 할라치면 옆에서 제법 쿨하게 한마디 한다. 우리는 다 이해하니 눈치 보지 말고 이혼하셔도 상관없다고.

캐나다는 세계 여러 나라에서 모여든 사람들이 함께 살아가는 이민자의 나라다. 사고방식, 언어, 문화가 다른 사람들이 부대끼면서도 큰 충돌 없는 이유는 특수한 이민정책 때문이다. 똑같이 이민자의 나라인 미국은 용광로의 나라로 불린다. 일단 그 땅으로 들어온 것들을 모조리 용광로에 넣고 녹여 미국만의 문화를 만들어 내기 때문이다. 그에 반해 캐나다는 모자이크의 나라다. 이민자들이 가진 문화의 독창성을 존중해 주어 고유한 본질을 잃지 않게 북돋아 준다. 그리하여 이제까지 없던 대형 모자이크를 탄생시킨다.

모자이크 이론은 결혼 관계에도 적용되는 것 같다. 잠시라도 떨어져 있기 싫어 결혼하지만, 사랑의 유효기간은 고작 3년이라는 연구결과가 있다. 사랑이 끝나갈 시간이 왔음을 직감했을 때 이들이 문제를 해결하는 방식은 흥미로웠다. 일단 문제를 인정하고 타협점을 찾는 과정을 거친다. 서로의 감정을 솔직하게 표현하고 이견이 좁혀지지 않으면 미련 없이 굿바이.

한때 사랑했던 관계를 훼손시키지 않는 최고의 방법은 곪아 터질 때까지 참고 기다리는 것이 아니라고 생각한다. 애초부터 일방적인 희생을 강요하지 않는 평등한 관계이기에 가능할 것이다. 남의 이목보다 내 행복을 우선시한다. 내가 먼저 행복해야 우리가 행복할 수 있다고 믿기 때문이다. 너는 너이고 앞으로도 너일 것이다. 서로의 사고가 틀린 것이 아니라 다를 수 있음을 인정하는 이들의 마인드가 부러웠다. 로라처럼 이혼 후에도 관계를 지속시키는 힘은 그런 태도에서 나오는 것이 아닐까.

우리 집은 용광로인가 모자이크인가. 따져보니 우리 부부의 숱한 다툼은 하나가 되려다가 생긴 것이었다. 나보다 가족의 화목을 우선시하는 사회에서 살아온 결과였다. 아무리 사랑하는 사이일지라도 마음의 일치를 이룰 수 없다는 것을 알았어야 했다. 내가 행복하지 않은 관계는 밀물에 허망하게 무너지고 마는 모래성이다. 다름을 인정하고 나서야 비로소 집안에 평화가 찾아왔다.

뼛속부터 이과인 남편과 문과인 내가 유일하게 하나가 될 때도 있다. 등산을 함께 갈 때이다. 온도 차가 극명한 두 성격이지만 웅장한 대자연 앞에 서면 겸허해지고 마음이 여유로워진다. 큰일 날 것 같던 문제들이 사방이 탁 트인 풍광, 드넓은 바다와 험준한 산맥과 비교되어 하찮게 보이기 때문이다. 우주의 먼지 같은 존재로 살며 아등바등할 일이 아무것도 없음을 알게 된다. 하산 길에 우리는 절로 하여가를 부르며 내려오곤 한다. 이런들 어떠하리 저런들 어떠하리 만수산 드렁칡이 얽혀진들 어떠하리!

몇 해 전 봄눈이 엄청나게 내린 날이었다. 멋진 경치를 예상하고 산에 올랐지만 등산로의 상태가 최악이었다. 따뜻한 봄 햇살에 녹기 시작한 눈은 질컥거렸다. 발을 뗄 때마다 무릎까지 푹푹 빠져들어 다리에 힘이 풀렸다. 등산 스틱도 무용지물. 내려오는 길에 미끄러지려는 찰나 엉겁결에 앞서가던 남편의 팔을 붙잡았다. 휘적휘적 걷고 있던 남편이 깜짝 놀라 돌아보며 한 마디 날렸다.

"나도 미끄러우니 잡지 마. 둘 다 넘어지면 안 되잖아."

두 존재는 하나가 될 수 없다는 진리를 뼈저리게 환기시켜준 남편이 고마워 눈물이 났다. 그래, 둘 중 하나라도 성해야 구조요청이라도 할 수 있는 거니까. 우리 집은 누가 봐도 모자이크임이 분명하다.

마음으로 뻥 뜯는 사람들

이은정

시골에 살면서 자주 장터에 갔다. 딱히 살 게 없어도 그 분위기가 좋았다. 할머니, 할아버지가 손수 키운 농작물을 판매하고 있었다. 시금치 한 단을 사면 풋고추 여러 개가 같은 봉지에 담겼다. 방울토마토를 한 소쿠리 사면 반 소쿠리가 얹어졌다. 대파를 사러 갔는데 양파가 딸려오기도 하고 들기름을 샀더니 부추가 덤으로 왔다. 부추전을 해 먹으란다.

"그만 주세요. 이러시면 뭐가 남아요."

"그래도 남아. 주면 그냥 가져가."

그들은 결코 타산을 따지지 않았다. 마치 하루를 놀듯이 그렇게 장사를 했다. 사람들은 그것을 정이라고 했다.

하나 주면 정 없지. 우리 엄마는 이 말을 자주 썼다. 사람들한테 퍼주는 걸 좋아했다. 김장하면 지인들 나눠주고 명절에 과일 상자가 들어오면 이웃에 나눠주었다. 엄마한테 음식을 얻어먹은 사람들은 다른 음식이나 선물로 보답했다. 그때마다 엄마는 말했다. 뭘 받으려고 준 건 아닌데. 그 마음은 진심이었을 것이다. 그런데, 그 뒤에 덧말이 의아했다. 참 괜찮은 사람이야. 그냥 지나치는 법이 없어. 나는 엄마가 이중적인 사람이라고 생각하기 전에, 정이란 건 공짜가 아니라는 사실을 깨우쳤던 것 같다. 아, 뭘 받으면 돌려줘야 하는구나.

정情이 뭐예요? 하고 물으면 어른들은 대답했다. 마음이지. 오고 가는 마음. 여기서 중요한 의미는 '마음'이 아니라 '오고 가는' 이라는 사실을 알았어야 했다. 나는 정이란 온전히 마음이라고 생각했다. 마음을 물성으로 표현할 수 있던가? 강요하는 마음이라면, 그것을 정이라고 해도 되는가? 그거, 정을 빙자해서 삥 뜯는 거 아닌가?

SNS를 하면서 여러 일을 겪었다. 작가들이 출간한 책에 악성 댓글 테러가 있었다. 내 책도 포함이었다. 친구 공개한 글이 하루 아침에 신문 기사로 나기도 했다. 기자는 내게 일언반구도 없이 사진과 함께 내 글을 도용했다. 신문사에 전화해서 항의했고 기자에게 메일도 보냈다. 그런 일들을 겪고 우울함에 빠진 나는 친구를 줄였다. 그 과정에서 친분은 의미 없었다.

문제는 그 이후였다. 친구 사이가 끊어진 사람들의 메시지와 댓글이 쏟아졌다. 내가 얼마나 열심히 응원했는데 나를 잘라? 내가 얼마나 친절하게 굴었는데 나를 잘라? 나는 항상 네 편이었는데 나를 잘라? 다 나열하기도 힘든 그들의 억울한 사연은 모두 내게 마음을 주었다는 것이었다. 마음을 주었으니 우린 평생 끊어지지 않을 인연이 되어야 한다고, 마음을 받은 나는 먼저 등 돌릴 자격이 없다고 야단치는 것 같았다. 온몸에 소름이 돋았다. 그리고 깨달았다. 그들은 내게 마음을 준 게 아니라 빚을 안긴 거였구나.

독자들이 리뷰를 올려주면 자꾸 빚이라는 생각이 들기 시작했다. 어떻게 돌려주지? 좋은 글, 좋은 책을 쓰면 될까? 선한 마음들이 매도되는 순간은 늘 가슴 아프지만 나는 리뷰를 읽지 않게 되었다. 읽어도 티 내지 않는 소심한 작가다. 은행 빚도 카드빚도 무섭지 않았는데, 마음의 빚은 두려워졌다.

며칠 전, 동네 동생과 함께 산책했다. 걷다가 단골 커피집 앞에 도착했다. 나는 그녀에게 뭘 마시겠냐고 물었다. 그녀는 아이스 아메리카노를 먹겠다고 했다. 커피 두 잔을 계산하고 우린 다시 산책길을 걸었다. 두런두런 기분 좋은 산책을 마치고 헤어질 때, 그녀가 말했다. 언니, 다음에는 제가 살게요! 나는 식겁했다. 커피를 빚이라고 여기는 것 같아서 서둘러 협박했다. 안 사도 돼. 제발 사지 마. 절대로 사지 마!

주고받는 마음이 나쁘다고만 할 수는 없다. 주는 마음도 받는 마음도 편하다면, 악의가 없고 빚이라 여기지 않는다면 더할 나위 없이 훌륭한 관계가 될 수 있을 것이다. 그러나 받은 마음이 빚이라고 생각된다면 문제다. 다음에는 내가 사야겠지? 나는 무슨 선물을 주지? 반대로 주는 마음이 빚이었던 순간, 뺑 듣는 사람이 된다. 왜 내 생일 선물은 안 주지? 이번에도 내가 사? 내가 그렇게 잘해줬는데 나한테 이래?

다시 시골 장터로 간다. 나는 그때 내게 덤을 준 어르신들만 찾아다니며 장을 봤다. 그게 주고받는 마음이라고 생각했다. 덤을 받았으니 당연한 일 아닌가. 어느 날, 단골이었던 할머니가 앞을 서성이는 내게 말했다. 저 앞에 할베 좀 팔아줘. 쳐다보니 할아버지 한 분이 소심하게 앉아 있었다. 할머니가 팔던 건 상추, 깻잎 같은 텃밭 작물과 힘들게 캤을 쑥과 냉이였다. 할아버지 앞에 놓인 소쿠리에도 비슷한 것들이 있었다. 말하자면, 두 사람은 상업적 경쟁 상대였다.

의아했다. 왜 저러시지? 궁금해서 물었더니, 오전 내내 마수걸이도 못 하고 있다며 쯧쯧 혀를 차던 할머니. 나는 할아버지한테 가서 상추와 깻잎, 쑥을 천 원어치씩 샀다. 그런데, 마수도 못 한 할아버지가 거스름돈이 없었다. 오천 원을 냈으니 2천 원을 받아야 했다. 단골 할머니가 또 나섰다. 이리 와, 내가 줄게! 나는 할머니한테 돈을 받고 할아버지한테 말했다. 할머니한테 2천 원 갚으세요. 내 말을 들은 할머니가 역정을 냈다. 그런 소리는 뭐 하러 하노! 나는 쭈글이가 되었다. 정情이라는 단어를 가장 정스럽게 느낀 게 그날이었다.

주면 주는 거로 끝나야 한다. 돌려받지 못해 섭섭한 마음이 있다면, 빚 뜯는다는 생각밖에 안 든다.

나처럼 가난하고 줄 것 없는 사람은 그래서 받는 게 두렵다. 줄 게 없으니까. 빚지는 기분 싫으니까. 계속 사양하면 또 사양한다고 섭섭해한다. 미치고 환장한다. 그러니까 애초에 마음은 공짜여야 한다. 보답을 바라고 공치사를 하고 싶다면, 당장 주는 걸 멈

추길 바란다. 그거, 마음으로 삥 뜯는 거다. 그런 사람과는 애초에
인연이 닿지 않았으면 좋겠다.

3부

죽음이 남긴 질문들

조금 더 사랑하며 살기로 했다

이 윤 화

카스텔라와 롤 케이크를 샀다. 오만 원짜리 신권 두 장을 챙겨서 봉투에 넣었다. 냉장고에 넣어 두었던 경구용 액상 영양제를 꺼내다 말고 박 집사님에게 전화를 걸었다.

"집사님, 혹시 임 권사님 뉴 케어 필요하실까요?"

"아니, 아니, 그것도 안 드셔. 입에 안 맞으면 절대 안 드시잖아. 다 해 봤지. 필요한 거 없으니까 그냥 와."

모처럼의 휴가, 벼르고 벼르던 임 권사님 댁에 방문하기로 한 날이다. 몇 년째 노환으로 거동을 못 하는 임 권사님을 더 늦기 전에 만나야 했다. 그러지 않으면 두고두고 후회하게 될 것 같았다. 29년생 임 권사님은 58년생 박 집사님의 엄마다.

아파트 단지에 들어섰다. 우유만으로 연명하는 노인이 드실 수 있는 것이 무엇일까. 편의점에서 딸기 맛, 바나나 맛 우유와 과일 맛 요구르트를 쓸어 담았다. 단 것을 좋아하는 임 권사님 입에 당기고 목 넘김이 수월한 것들이기를 바랐다.

둘째 아이의 발달장애 진단을 받은 후 3년이 지날 무렵, 나는 1년간 휴직을 했다. 내게 닥친 불행을 받아들이지 못했다. 태어나 처음으로 신에게 무릎을 꿇었다.

그해, 교회에서 묶어 준 구역에 따라 임 권사님 댁에서 금요일마다 모였다. 너덧 명이 함께 성경을 읽고 기도하는 시간이었다. 당시 85세였던 임 권사님은 보행보조기의 도움을 받으면서도 매일 새벽 예배에 나갔다. 기도를 마치고 돌아가는 길에 임 권사님을 마주칠 때가 있었는데 내가 다가가 아는 체를 하면 권사님은 아이들 안부를 먼저 물으셨다. 기도 수첩에 우리 아이들 이름을 적어 매일 기도한다는 말을 덧붙였다. 사춘기에 접어들며 갈등이 빈번해진 큰아이와 나을 수 없는 장애가 있는 둘째를 키우며 수시로 마음이 무너지던 날들. 그때마다 어디선가 나를 위해, 내 삶을 위해 기도하고 있는 누군가가 있다는 것을 기억해내며 나는 무너진 마음으로도 살아갈 힘을 낼 수 있었다.

10년 만에 방문한 권사님의 집은 이전과는 달리 어둡고 조금은 침울한 느낌이 들었다. 권사님은 벽을 짚고 한 발 한 발 힘겹게 내디디며 방에서 나왔다. 수척한 얼굴과 깡마른 몸을 보니 가슴이 저렸다. 권사님의 모습에 자꾸만 미래의 내가 겹쳤다.

권사님의 다섯 딸 중 막내인 수연씨는 다운 증후군이 있다. 올해 51세가 되었다. 내가 권사님을 마지막으로 만난 때가 언제였는지 기억나지 않는다. 5년쯤 됐을까. 7년쯤 됐을까. 그때만 해도 몸이 아플 때면 권사님은 이렇게 기도한다고 했다.

하나님, 제가 우리 수연이 눈이 되고 발이 되어야 하는데 이렇게 아프면 안 되잖아요. 내가 아프면 우리 수연이는 어떻게 살아요.

수년이 지난 지금은 기도가 바뀌었다.

하나님, 제가 나이도 많고 오래 살았는데, 이제 그만, 가도 되지 않나요? 이제 그만 데려가시면 좋겠는데.

장애가 있는 딸의 눈이 되고 발이 되어야 해서 자신이 아프지 않기를, 낫기를 기도했던 권사님의 기도가 바뀐 이유를, 나는 수척한 얼굴과 깡마른 몸에서 찾을 수 있었다.

"얼마 전에는 아무것도 안 먹으면 어떨까 해서 한 이틀 안 먹어봤는데, 가만히 생각해보니 그것도 살인이잖아. 나를 죽이는 거니까. 그러면 안 되겠더라고."

그런 권사님이지만, 수연씨가 25년 전 삽입했던 심박동기에 문제가 생겨 숨을 몰아쉴 때 병원에 데려가지 않았다. 함께 거주하는 큰딸인 박 집사님이 엄마의 반대를 무릅쓰고 119를 불렀다. 그 상황이 끔찍하면서도 이해할 수 있는 마음이 되어 버려서 나는 무섭고 슬펐다.

"젊어서부터 내가 몸이 약해 큰딸 고생을 많이 시켰는데, 끝까지 늙은 엄마랑 장애 동생까지 돌보느라 쟤가 아주 힘들지."

미지근한 우유를 챙기는 딸을 보며 권사님이 말했다.

"아유, 난 내가 당연히 할 일이라고 생각해. 하나님이 엄마 집에 들어와 살게 하려고 우리가 하는 일마다 풀리질 않았던 거지. 내가 잘 나가고 잘 살았으면 엄마 집에 들어왔겠어? 하하.”

불운조차 자신들이 믿는 신의 섭리로 받아들이며 자기 처지에 불만을 품지 않고 사는 사람의 모습. 내게도 가능한 일일까.

나는 권사님의 차갑고 푸석한 손을 잡았다. 그리고 말했다. 약한 몸으로 딸 다섯 키우며 사느라 애쓰셨다고. 내 삶이 아파서 어쩔 줄 몰라 하던 시절에 해주신 기도의 빚, 이제부터 갚겠다고. 내 손 위에 자신의 또 다른 손을 포개며 고개를 끄덕이는 권사님의 탁한 눈이 어쩐지 슬프면서도 평온해 보였다. 자신의 몸과 삶에 대한 통제권을 절대자에게 맡긴 자에게만 임할 법한 평온이 아닐까 싶었다.

집을 나서며 권사님을 가만히 안아드렸다. 내가 문밖으로 사라질 때까지 벽을 짚고 서서 바라보는 권사님에게서 눈을 돌리며, 어쩌면 이것이 우리의 마지막일지도 모른다는 생각이 스쳤다.

그날의 기억이 머리에서 떠나질 않았다. 예배당에 앉아 무엇을 구해야 할지 몰라 침묵의 기도만 하던 날들이 지나갔다. 시간이 흘렀지만, 나의 기도는 너무나 단순했다. 평안을 주세요. 부디, 평안을 주세요.

　내가 무사히 권사님과 같은 노년의 시간을 살게 된다면, 나는 어떤 마음이 될까. 그날에 회한으로 가득한 모습이 되지 않으려면 어떻게 살아야 할까 생각하고 또 생각했다. 삶이 유한하다는 것, 내 삶이 얼마나 남았는지 그 끝이 언제일지 알 수 없다는 것을 잊지 않는 것부터 시작해야 할 것 같다. 그저 내 아이와 내가 사랑하는 이들을 한 번 더 안고 조금 더 사랑하는 일뿐이라는 단순한 진리에 닿는다.

　한 달이 흘렀다. 권사님은 마침내 영원한 안식에 이르렀다.

시체를 보았다

이 정 오

길을 걸을 때면 나도 모르게 긴장한다. 부스럭거리는 소리, 뒤에서 들려오는 발걸음 소리에도 한껏 예민해진다. 길가에 버려진 신발, 모자, 옷가지 혹은 정체 모를 검은 봉투가 보이면 본능적으로 고개부터 돌린다. 수상한 움직임이 포착되면 걸음이 빨라진다. 사실 그것들의 정체는 대부분 고양이나 쥐, 새와 같은 작은 동물들이거나 길가에 버려진 것들은 쓰레기다. 그래도 나는 매번 놀란다. 길을 걸을 때 흐릿한 눈이 되는 건 꽤 오래된 본능이다.

어릴 적 외할머니댁에 며칠 맡겨진 적이 있다. 대문 밖을 나서면 끝없이 펼쳐진 논과 밭이 전부인 시골. 내가 할 수 있는 일은 학교 간 언니들을 기다리는 것뿐이었다. 비포장길을 따라 왔다 갔다 하며 시간을 보내거나 농수로로 이용되는 작은 댐 위에 앉아 하교 종이 울리기만을 하염없이 기다렸다. 참으로 외로운 미어캣이었다.

학교 종소리가 들린다. 십 분 후면 언니들이 올 것이다. 그럼 나는 언니들 뒤를 쫑쫑 따라다니며 송사리도 잡으러 가고 정자마루에서 장기도 두고 오목도 둘 수 있다. 저기 한 무리의 학생들이 보인다. 삼삼오오 논두렁을 따라오던 언니, 오빠들이 갑자기 멈춰 선다. 신기한 것이라도 발견했는지 오다가 뚝 끊긴 발걸음. 그때 한 오빠가 소리쳤다.

"저기 사람이 죽었어!"

그들은 오빠가 가리킨 쪽으로 우르르 달려갔다. 나도 따라갔다. 친척 언니가 내 손을 끌며 논두렁을 가리켰다. 언니가 가리킨 손끝에는 남자 가죽 구두가 나란히 세워져 있었다. (신발을 신은 채로 누워 있었다) 구두 옆으로 바짓가랑이도 살짝 보였다. 몸의 대부분은 주변에서 뜯은 듯한 풀들로 간간이 덮여 있었고 가슴께에

면장갑을 낀 손이 모여 있었다. 맨 위쪽으로는 당시 택시 기사님들이 쓰는 모자가 놓여있었다.

태어나서 처음 보는 시체였는데 무섭다는 생각은 들지 않았다. 왜 여기에 누워 있지? 언니 오빠들 추론에 의하면 택시 기사님이 강도에게 당한 것 같다고 했다. 죽인 다음 여기에 버리고 택시를 가지고 도망간 것 같다고. 하지만 일곱 살의 나는 강도, 살인 같은 단어를 알지 못했다. 죽음이 무엇을 의미하는지조차도.

경찰들이 도착해 사건 현장을 수습하기 시작했다. 우리는 자리를 떠나지 못하고 멀찍이서 지켜봤다. 시신은 도로 쪽으로 옮겨졌다. 가마니 같은 것으로 덮였다. 뒤늦게 소식을 듣고 나타난 동네 사람들로 현장 주변은 오랫동안 웅성거렸다. 언니들은 충격을 받았는지 평소 같지 않게 각자의 집으로 돌아갔다. 온종일 기다린 보람은 없었지만 뭔가 심상치 않은 일이 일어났다는 느낌은 어린 나에게도 전해졌다.

시골의 밤은 빨리 찾아온다. 저녁을 먹고 할머니 다리를 베고 놀다가 까무룩 잠이 들었을 때 형사가 다녀갔다. 범인은 잡혔을까? 낡은 구두, 장갑을 낀 손, 모자. 그리고 시체를 덮어 두었던 가마니. 일곱 살은 시체보다 도깨비나 귀신을 더 무서워하는 나이였기에 그 날 일어난 일이 얼마나 심각한 것이었는지는 깨닫지 못했고 까마득히 잊고 지냈다.

어른이 된 후, 뉴스나 영화를 통해 강도, 살인 사건들을 접하면서 내 안의 기억이 얼마나 끔찍한 것인지 알게 됐다. 기억의 무게와는 달리 그 일은 잔인한 살인사건이었다. 인터넷에서 그날 사건에 대해 검색해본 적이 있다. 누군가의 아들이며 아버지였을 소중한 생명을 앗아간 중대 범죄였건만 기록 한 줄 남아 있지 않았다. 마치 내가 지독한 꿈이라도 꾼 것처럼.

그 후로도 죽음의 현장을 몇 번 접한 적이 있었다. 고층 아파트 베란다에서 목숨을 던진 어느 노모의 처참한 모습, 고속도로에서 교통사고 난 직후 운전석 밖으로 떨궈진 상체. 내가 지금 무엇을 본 건가 의심할 정도로 순식간에 지나간 일이었지만, 이런 장면들은 잊고 싶어도 잊히지 않는다.

그래서인지 나에게 죽음은 언제 어디서 마주칠지 모르는 우연과도 같다. 집을 나서는 순간부터 시선이 극도로 불안해지는 이유다. 수상해 보이는 물체가 있으면 심장이 먼저 반응한다. 쓰레기를 버리러 갈 때도 긴장한다. 뜻하지 않은 죽음을 목격하고 그것을 기억하는 사람들의 삶은 그 전으로 돌아갈 수 없다. 죽음의 무게만큼 무거워질 뿐이다.

나 또한 내 인생의 시간이 얼마만큼 남아 있는지는 알 수 없다. 그 전에 내가 마주칠 죽음 또한 얼마나 될지도 알 수 없다. 이제는 부고 소식을 더 많이 듣게 될 때가 되기도 했다. 솔직히 내가 죽는 것보다 더 두려운 일은 누군가 죽었다는 소식을 듣게 되는 것이다. 나는 매번 누군가의 죽음 앞에서 말을 잃고 길을 헤맬 것 같다. 생명을 잃은 자든 그 사람을 잃은 자든 그들 앞에서 내가 할 수 있는 건 아무것도 없다는 걸 알기 때문이다. 그래서 나는 '오늘도 살아있음'에 대한 무게를 조금이라도 실감하며 살자고, 살아있음을 당연히 여기지 말자고 다짐한다.

어떤 삶도 가볍거나 하찮지 않다. 그러니 죽음 자체가 인생의 결론이 되지 않았으면 좋겠다.

고잉 홈

Sunny Kim

말없이 앉아 있던 사람들이 동시에 고개를 들었다. 눈을 동그랗게 뜨고 방금 헛것을 들었나 하는 표정으로 출처를 찾아 주위를 두리번거렸다.

"환영해, 내 사랑하는 친구들!"

목소리는 벽에 달린 스피커에서 흘러나오고 있었다. 중저음

톤. 다정한 음색. 엘턴 씨의 목소리가 틀림없었다.

"내게 인사하려고 이렇게나 많이 모이다니 뜻밖이야. 오랜만에 얼굴 보니 참 좋아. 더 자주 모일 걸 그랬어."

이어지는 목소리가 너무 생생해서 그가 커튼 뒤에 숨어 있다가 금세라도 툭 튀어나와, 나 안 죽었어! 하고 우리를 놀래줄 것만 같았다. 사람들은 방금 들은 것이 엘턴 씨의 녹음된 목소리라는 걸 알아차리고 고개를 주억거렸다. 바로 그때, 엘턴 씨의 목소리가 돌변했다.

"잘 들어요, 모두. 당신들은 내가 병으로 죽은 거라 믿겠지만, 아니야, 사실 난 타살 당했어. 지금 이 자리에 범인이 와있을지도 모르지. 바로, 당신 말이야!"

고인의 목소리라도 다시 들을 수 있게 된 것이 감개무량해서 눈물을 찍고 있던 사람들이 어리둥절해 하다 이내 동시다발로 폭소를 터트렸다. 평소에도 유머러스했던 그다운 작별 인사였다.

유명 방송국 음악 담당 피디였던 그는 노래를 잘했고 부인은 피아노를 잘 쳤다. 틈만 나면 부인의 반주에 맞춰 올드 팝송을 멋들어지게 들려주었다. 집으로 사람들을 초대해서 작은 음악회를 열곤 했는데, 성탄 절기에 열리는 음악회가 인상적이었다. 초대받은 사람들은 성탄 분위기가 물씬 풍기는 거실 계단참이나 소파 혹은 바닥에 앉아 엘턴 씨 가족이 들려주는 음악에 흠뻑 취했다. 빨간빛 양말에 산타 모자를 쓴 그가 캐럴을 부르는 모습을 보고 있노라면 마치 빙 크로스비가 환생한 게 아닐까 하는 착각이 들 정도였다.

그의 장례식 역시 작은 음악회처럼 진행되었다. 사형제 중창단은 부친 못지않은 솜씨로 평소 그가 즐겨 부르던 노래를 불렀다. 손자녀들도 할아버지를 추억하는 노래를 헌사 했다. 엘턴 씨 부인은 고인을 추모하는 연설을 한 후 피아노 반주로 작별을 고했다. 남겨진 가족들의 표정은 한결같이 평온해 보였다. 고인의 생애가 어떠했는지 짐작할 수 있었다. 그의 인생은 모두의 마음속에 아름다운 한 편의 시로 남았다.

엘턴 씨는 2차 대전에 참전한 공군 조종사였다. 주위 사람 대부분이 그 사실을 몰랐다. 얼굴도 모르는 적군 생각에 밤마다 베개에 얼굴을 묻고 괴로워했던 이십 대 초반의 엘턴 씨. 젊은 나이에 삶의 유한성을 생생하게 목격한 그는 귀환 후 완전히 다른 삶을 살기로 했다. 비극을 승화시켜 삶의 자양분으로 삼았던 사람.

그의 생애가 담긴 사진들이 대형 스크린 속에서 파노라마로 지나
갔다.

"내 삶은 더 이상 바랄 수 없을 만큼 충만했어. 지금 나는 본향으로
돌아가지만, 당신들은 아주 천천히 와. 굿바이."

그의 마지막 인사와 함께 스피커에서 흘러나온 노래가 식장
안을 가득 채웠다.

Going home going home, I am going home…….

엘턴 씨가 죽은 겨울이 지났다. 옆집 할머니의 정원에 봄을 알
리는 꽃들이 순서대로 피고 졌다. 할머니는 구부정한 등으로 물뿌
리개를 부지런히 날랐다. 부엌 창문 너머로 지켜본 옆집 정원에
는 생기가 돌았다. 우리 집 정원과 천지 차이였다. 아이들이 독립
하고 나면 한국으로 돌아갈까 고민하는 동안 나의 정원은 메말라
갔으니까.

레크리에이션 센터에 갔다가 광고판에서 시니어 봄 소풍 행
사를 발견했다. 내 나이는 아직 해당되지 않았지만, 혹시나 하고
신청했다. 자리가 남아 참석 가능하다는 연락을 받았다. 소풍이라

는 단어가 주는 행복을 느껴본 지가 오랜만이라 아이처럼 설레었다.

다음 날 아침, 편한 복장으로 센터에 갔다. 우리를 태워갈 노란 스쿨버스가 도착하자 인솔자가 안으로 들어가 참석자 명단을 호명했다. 현관문이 열리고 소풍 참가자들이 차례로 걸어 나왔다. 나는 놀란 입을 다물지 못했다. 센터 앞은 별안간 패션쇼 무대로 변했다. 할머니들의 차림새는 고전 할리우드 영화 속 배우들 같았다. 화려한 색채에 꽃무늬, 길이마저 극단적이었다. 가지고 있는 것을 모두 착용한 듯 구석구석 장신구가 달려있었다. 알록달록한 매니큐어는 화룡점정이었다. 롤을 말아 풍성한 은발과 스카프가 봄바람에 살랑거렸다.

보행기나 지팡이만 빼면 몇십 년은 젊게 보이는 할머니들은 봄 소풍의 설렘을 온몸으로 표현하고 있었다. 그건 단지 젊어 보이고 싶은 욕구가 아니었다. 남은 삶의 하루도 허투루 쓰지 않겠다는 의지의 표현인 것 같았다. 비록 죽음을 향해 가고 있지만, 그럼에도 불구하고 살아가야 하는 이유를 찾아낸 사람들. 그런 사람들만이 가질 수 있는 여유로움으로 보였다.

사람의 진실성이 드러나는 순간은 죽음이 가까워질 때가 아닐까. 언제 닥칠지 모르는 죽음을 염두에 두고 초연하게 살다간 엘턴 씨와 봄날의 할머니들이 보여준 삶에 대한 진정성은 어떻게 살아가야 할지를 결심하게 만든 모티브가 되었다. 유한한 삶의 가치를 생각하니 당연시하던 것들이 특별하게 보였다. 가까이 있는 사람에게 감사하는 마음이 우러났다. 오늘이 마지막이라는 자세로 사는 하루가 쌓여 내 인생도 한 편의 아름다운 시로 남을 수 있기를 소망한다.

전입신고와 고독사

이 수 현

민원인의 서류를 떼는 중 전화가 울렸다. 이사 왔는데 전입신고를 하러 갈 수 없다고 했다. 힘없는 목소리로 혹시 다른 방법이 없는지 묻던 사람은 1948년생의 남자분이었다. 전입신고는 신고주의 원칙이다. 이사 온 날로부터 14일 이내에 신고해야 한다. 배우자나 직계혈족이 위임받아도 된다. 인터넷으로도 가능한 시대다. 이 사실들을 설명했더니 돌아오는 말은 약간 충격이었다.

"저, 혼자예요. 아무도 없어요. 먹을 것도 잘 못 먹고 있어요."

일단 앞에 민원인이 계셔서 다시 전화 드리겠다고 끊었다. 대기 인원이 많아 처리하는 중 다시 같은 번호로 전화가 울렸다.

"오시지 않으면 저 고독사할 수도 있어요."

가끔 민원인의 말을 어디까지 믿어야 할지 의문이 든다. 육아휴직 후 복직한 지 얼마 안 된 내가 업무 숙지가 완벽히 안 돼서 더 경계하는 마음이 드는 것일 수도 있다. 옆에 앉은 동료에게 물어보니 냉정한 대답이 돌아왔다. 그냥 다음에 오라 그래요. 전입신고 못 한다고 죽는 것도 아니고. 동료의 말대로 대수롭지 않게 넘어가도 될 일이었다. 그러나 내 머릿속은 이미 걱정과 불안에 휩싸였다.

고독사할 수 있다는 말이 진짜라면 어떡하지? TV에 나오는 긴급복지 대상자일 수도 있겠다는 생각이 들었다. 전입신고가 안 되면 복지 쪽으로 연계가 안 되어서 쌀이나 생계비가 끊길 수 있다. 이전 동 복지팀에 문의했다. 이미 수급자로 등록되어 있어 전입신고를 안 한다고 생계 지원이 끊기는 것은 아니라고 말했다. 그러나 장애가 있고 거동할 수 없으니 장기요양을 신청해야 할 정도인데, 고시원에서 임대아파트로 이사 가면 그때 한다고 그동안 다 미뤄온 모양이었다. 사례관리팀과 연계해서 출장 나가보는 게 좋겠다는 조언을 듣고 심장이 쿵 내려앉았다. 진짜였구나.

다시 전화했는데 안 받는다. 사정을 알고 나니 마음이 급해졌다. 이전 동에 다시 문의하니 전화기를 고쳐야 하는데 밖에 나갈 수가 없어 못 고치고 있을 거라고 했다. 문자를 남기면 전화 올 거라는 말에 문자를 남겨두었다. 전화가 왔다.

"선생님, 아까는 민원인이 계셔서 오래 통화를 못 했는데 몸은 좀 어떠신가요? 저희가 내일 방문하려고 하는데, 뭐 필요한 것은 없으세요?"

"네, 제가 지금 이사 온 지 열흘이 넘었는데 일어날 수가 없어요. 밥도 겨우 먹어요. 저는 계속 누워 있으니까 아무 때나 오셔도 돼요. 근데 달걀이 없어요. 쌀은 있고, 모기약이랑 쓰레기봉투 좀 있으면 갖다 주세요. 누워 있으니까 자꾸 모기가 달라붙어서."

다음 날 아침, 복지 담당자와 같이 관용차로 아파트에 도착했다. 아파트 문 앞에는 택배 온 상자가 그대로 놓여있었다. 벨을 누르자 기침 소리와 함께 작은 목소리가 들렸다. 문 열려있으니 들어오세요.

문 앞에 놓여있던 택배 상자를 들고 들어갔다. 새 아파트라고

는 상상이 안 될 정도로 지저분했다. 입구서부터 침대까지 널브러진 휴지와 쓰레기들. 여기저기 방치된 이삿짐 상자와 살림살이를 보관한 바구니. 침대 난간에는 갈색 소변 통 세 개가 매달려 있었다. 그 앞 간이식탁에는 언제 먹었는지 알 수 없는 라면 면발이 눌어붙어 있었다. 가스레인지 위에는 탄 자국이 있는 편수 냄비 하나가 덩그러니 놓여있었다.

그나마 활기찬 건 TV였다. 초록색 필드에서 골프를 치는 영상이 한가로이 나오고 있었다. 발 디딜 데가 없어서 신발을 신고 들어와도 되는지 물었다. 신발을 신고 들어온 복지 담당자가 준비해 온 달걀을 냉장고에 한 알씩 넣었다.

"라면에 달걀을 하나씩 넣어 먹으려고요. 침대에서 가스레인지까지 갈만한데, 그것도 기운이 없어서 한 시간씩 걸려요."

그는 러닝셔츠도 입지 않은 앙상한 상체를 일으켰다. 흔들리는 손으로 전입 신고서에 서명만 겨우 하고 다시 누웠다. 복지 담당자가 장기요양을 신청하실 거면 요양원을 소개해 드리겠다고 했더니 싫다고 하신다. 하루 두 시간이라도 청소나 생활에 도움 주실 분이라도 보내드리겠다고 했는데 그것도 기어코 거부하셨다. 뇌경색으로 네 번 쓰러졌다가 최근에 다시 일어났는데, 넉 달까지는 혼자 힘으로 해보고 싶다고. 누군가 와서 도와주면 혼자 일어나려는 의지가 약해져서 영영 못 일어날 것 같아서 그렇다고 했다.

어떤 마음인지 알 것 같았다. 걱정이 되긴 했지만, 극구 거부하니 어쩔 수 없었다. 다시 방문하겠다는 말을 남기고 일어서는데, 베란다에 덩그러니 놓인 쌀 포대가 눈에 들어왔다. 햇볕이 쌀 포대 위에 노곤하고 평화롭게 내려앉아 있었다. 그의 집에서 가장 따뜻하고 밝은 곳. 그가 보인 의지만큼 남은 생에 더 깊고 넓은 볕이 들기를.

집을 나서며 생각했다. 노인의 전화를 대수롭지 않게 지나쳤으면 어쩔 뻔했을까. 이전 복지팀에 문의하지 않았더라면, 오늘 집에 방문하지 않았더라면, 그래서 최악의 소식을 들었다면. 사람을 덜컥 믿을 수도 믿지 않을 수도 없는 세상이기는 하다. 그러나 생계나 생명과 관련한 일이라면 믿는 쪽을 택해야 한다. 혹시 거짓말이라면 거짓말이어서 다행이라고 생각하는 편이 좋지 않을까.

추억은 퇴적된 삶의 지층이다

장 세 현

온갖 잡동사니에 뒤섞여 빛이 바랬다. 이게 웬 편지일까? 읽다 보니 어렴풋이 생각난다. 팔푼이라 부르던 고향 친구 녀석이다. 학교에서 꼴찌를 도맡아 했다. 팔푼이라 부르면 자신이 진짜 팔푼이 같은 느낌이 든다며 볼멘소리를 했지만, 가끔 팔푼이 짓을 했기 때문에 아주 틀린 말도 아니다.

학교 성적표를 받아 집에 오는 길이었다. 누군가 놀림 삼아 '너 1등 했구나!'라고 한 말을 곧이곧대로 알아듣고 동네방네 자랑질하다 크게 망신을 당했다. 공부만 못한 게 아니라 약간의 껄렁쇠 기질까지 있던 이 녀석을 나는 늘 한 수 아래로 여겼지만, 녀석은 되려 나를 순진한 어린애 취급하며 가르치려 들었다. 특히 성교육 대부분을 이 녀석에게 받았다. 물론 대부분 한 귀로 듣고 한 귀로 흘려서 기억나는 건 없다. 그래도 떠오르는 몇 장면들, 편지를 내려놓고 먼 추억들을 더듬어본다.

하나. 담장 하나를 사이에 두었지만, 쪽문이 달려있어 한집처럼 드나들었다. 동갑내기라 곧잘 어울렸다. 매일 놀고 매일 싸웠다. 쑥대를 부러뜨려 칼싸움 놀이를 하다 진짜 싸움으로 번지기도 했고, 내가 먼저 발견한 방아깨비를 녀석이 잽싸게 가로채는 바람에 내놔라 못준다 티격태격하다 결국 주먹다짐이 되곤 했다. 내 이마에 있는 흉터는 녀석의 손톱자국이다. 녀석의 눈 아래쪽에는 내 손톱자국이 있다. 철이 든 뒤로 서로의 흉터를 손가락질하며 킥킥대기도 했다.

둘. 학창 시절 어느 날, 벽에 비스듬히 기대 TV를 보던 중이었다. 난데없이 녀석이 우당탕 문을 열고 들어와 한껏 들뜬 목청으로 소리쳤다. 야, 인마! 났어, 진짜 났다구! 여길 봐, 여길…! 가슴팍을 열어젖혔다. 며칠 전 가슴에 털 나는 약을 바른다며 호들갑을 떨더니 진짜로 털이 나자 잔뜩 고무되었던 것이다. 너도 발라봐, 짜샤! 이거 여자들이 얼마나 좋아하는데…! 의미심장한 미소를 지어 보였다. 여전히 시큰둥한 표정을 짓자 녀석은 다짜고짜 약을 찍어 내 가슴팍으로 돌진했다. 내가 침팬지냐? 너나 많이 발라, 미친놈아! 누운 채로 황급히 발로 밀쳐낸다는 것이 하필 녀석의 콧잔등에 맞았다. 인상을 구기며 코밑을 훔치는데 피가 조금 묻어나왔다. 너무 심했나 싶어 다가가 어깨에 손을 올렸다. 야, 괜찮냐? 손을 홱 뿌리치며 문을 쾅 닫고 나가면서 악담을 퍼부었다. 너, 이새끼. 나중에 못생긴 여자나 만나라!

셋. 고등학교를 졸업한 겨울 무렵이었다. 녀석이 엉거주춤한 걸음걸이로 우리 집엘 찾아왔다. 나 수술했어. 고래 잡는 수술이었다. 나더러도 해야 한다며 일장연설을 늘어놓았다. 간호사가 아주 예쁜데 자기가 데려가겠다며 꼬드겼지만 들은 체도 하지 않았다. 그렇게 티격태격하는 중에 마침 엄마가 들어오셨다. 엄니요, 있잖아요. 재 수술해야 되거든요! 수술이란 말에 놀라서 엄마가 눈을 휘둥그레 떴다. 다급하게 녀석의 입을 틀어막았다. 그게 그렇게 창피할 수가 없었다. 아냐, 엄마! 이 자식 원래 미친 소리 잘하잖아!

이튿날 순진한 어린애는 가르쳐야 한다는 녀석의 손에 억지로 끌려가다시피 읍내 병원에 갔다. 아랫도리를 내놓고 수술 대기실에 누워 있을 때 간호사가 불쑥 들어왔다. 너무 놀라고 당황스러워 나도 모르게 얼른 사타구니를 가렸다. 손 떼세요. 마취제 놓아야 합니다! 귀두 부분을 만지작거리며 주사를 놓았다. 생면부지의 여자 앞에서 이 무슨 흉한 꼴이람! 민망하고 창피하여 줄곧 고개를 돌린 채 얼굴을 외면했다. 간호사가 예쁜지 어떤지 가늠할 정신이 아니었다. 그런데도 녀석은 수술을 끝내고 어기적어기적 걷는 내게 수다스럽게 지껄였다. 야, 어때? 내 말 맞잖아. 간호사 예쁘지? 진짜 남자도 되고 예쁜 간호사도 보고…. 다 내 덕이다, 이놈아! 나한테 고맙지. 그치? 동의를 구하듯 바짝 얼굴을 디밀었다. 마취가 풀리면서 너무 아파서 대답 대신 녀석의 대가리를 심하게 쥐어박았다. 그래, 성은이 망극하다!

넷. 결혼한 녀석은 자기 신혼집 근처 술집으로 나를 불렀다. 녀석과 함께 나온 여자는 부인의 친구라 했다. 한창 같이 이야기하다가 녀석이 가봐야 한다며 불쑥 일어섰다. 순식간에 내 얼굴은 사색이 되었다. 초면인지라 가뜩이나 어색한데, 지갑에 돈도 없었다. 녀석이 내 뒷주머니에 손을 찔러넣고는 귓속말을 했다. 잘 해봐, 예쁘잖아! 슬며시 뒷주머니에 손을 넣어보았다. 손끝의 감촉만으로도 만 원짜리 지폐 뭉치라는 걸 알 수 있었다. 멀찍이서 씽

긋 웃으며 술집을 나갔다.

추억은 여기서 끊어졌다. 녀석의 영정 사진 앞에 절을 하며 울먹였던 게 마지막 장면이다. 갑작스레 찾아온 죽음이 삶을 추월했다. 설날이면 형님한테 절 안 하냐고 농을 치던 놈인데 기어코 뜻을 이뤘다. 나한테 절 받아먹으려고 일찍 갔더냐.

버리려던 사진과 편지들을 다시 고이 접어 들여놓는다. 해묵은 앨범은 쓸쓸하다. 추억은 퇴적된 삶의 지층이다. 그 위에서 오늘의 삶이 다져지고 그것은 또 내일을 살아갈 발판이 된다. 추억을 잃어버리는 것은 지층을 잃어버리는 것과 같다. 오래오래 간직되기를. 퇴적된 지층 속에서 화석이 되어 남을지라도.

사무치게 사무치는 마음

이 은 정

나는 이 문장을 가슴에 품고 산다. 언니가 남긴 마지막 문장.

살아있는 동안은 늘 감사하고 행복하리라.

하나밖에 없는 내 언니는 몇 년 전 별이 되었다. 차가운 영안실에서 눈을 뜨고 죽어 있는 언니를 본 게 마지막이었다. 심정지 판정을 받은 지 한 시간쯤 지난 상태였다. 시신이 훼손되어 보여

줄 수 없다는 경찰과 의사를 향해 야생 짐승처럼 포효한 후에야 입장 허락을 받았다. 사람이 죽으면 신체 기관 중에 귀가 가장 늦게 닫힌다고 했다. 마지막으로 건넬 말을 고르며 침착하려고 애썼다. 기어이 함께 가겠다는 엄마를 말리지 못한 게 화근이었다. 엄마가 영안실 안에서 고장 난 라디오처럼 지직대며 난리 치는 바람에 나는 언니한테 한마디도 못 한 채 쫓겨나왔다.

늘 못나게 살아왔지만 그다지 후회하는 과거는 없었는데, 그날 생기고 말았다. 제일 후회되는 순간이 그때다. 어떻게든 엄마를 떼어놓고 나 혼자 언니를 만났어야 했다. 이제 막 심장이 멈춘 언니의 손을 다정하게 붙잡고 아직 닫히지 않았을 언니의 귀에 고맙다는 말을 해주었어야 했다. 내 인생 유일한 축복이 언니였다고 말해주고 싶었는데, 많은 순간 언니 때문에 살았다고 말해주고 싶었는데, 마지막 인사는 한마디도 하지 못했다. 손은 얼마나 따뜻했을까.

자식 잃은 엄마가 겨우 밥숟갈을 들게 되었을 무렵, 나는 엄마를 원망했다. 엄마 때문에 언니 마지막 가는 길에 수고했다는 말 한마디 못 해줬다고. 사랑한다는 그 흔한 말도 못 해줬다고. 다 엄마 때문이라고. 엄마는 미안하다고 말했다. 그리고 영안실에 들어간 것을 후회한다고도 했다. 그 장면이 잊히지 않아서 힘든 모양이었다. 나는 물론 두 감정 모두 이해한다. 갑자기 죽어버린 딸의 시신을 확인하고 싶은 부모의 마음과 차라리 보지 않았다면 좋았을 훗날의 트라우마.

"요즘에는 꿈에 안 나오네. 좋은 데 간 것 같다."

"꿈에 안 나오면 좋은 데 간 거래? 그럼 다행이네."

"좋은 데 가고도 남을 사람이잖아."

"맞아. 나는 못되게 살아서 언니 옆에 못 갈 것 같아."

"니가 왜 못됐어. 그런 환경에서 그만큼 자랐으면 훌륭하지."

나는 대답하지 못했다. 내가 잘 자란 부분이 있다면 모두 언니 덕분이었다. 이제 언니가 없다는 건 내게 혜안을 줄 사람이 없다는 뜻이므로 언니를 향한 그리움은 때로 불안을 넘어서 공포가 되기도 한다. 언니가 정말 반짝반짝 빛나는 좋은 세상에 가 있다면 그것 또한 불안한 일이다. 어쩌면 영원히 만날 수 없을지도 모르니까. 언니의 선한 마음과 효심에 발뒤꿈치도 따라가지 못하는 내가 언감생심. 천국에 가지 못하는 건 상관없는데 언니를 만나지 못하는 건 괴로울 것 같다. 될 수 있으면 죄짓지 않고 착하게 살고자 하는 이유이기도 하다.

서울에 이사 와서 처음으로 절에 갔던 즈음에 나는 몹시 안 좋은 일을 겪고 있었다. 운전하는 내내 울다가 도착한 어느 사찰. 주차장에서 발걸음이 떨어지지 않아 한참을 더 울었다. 나를 발견한 어느 보살님이 다가와 조용히 길을 안내해주었다. 대웅전에 앉은 나는 매 맞는 기분이었다. 온몸이 쑤시고 아팠다. 그 와중에 고개를 빳빳하게 들어 악다구니를 썼다.

"아무 쓸모 없는 나를 데려가시지, 왜 천사 같은 우리 언니를 데려가셨어요!"

언니가 죽고 나서 줄곧 해왔던 생각이 입 밖으로 튀어나왔다. 대답 대신 울려 퍼지는 불경 소리. 목탁 소리. 향냄새. 죽어서 절에 들어간 언니를 떠올리자 함께 있는 것 같은 기분이 잠깐 들었다. 언니는 내가 울면 따라 우는 사람이었으니까 눈물을 그쳐야 했다. 죽은 사람이 울긴 뭘 운다고. 그저 산 자에게 필요한 삶의 의지일 뿐.

대웅전에서 나와 엄마한테 전화를 걸었다. 언니를 만나러 간 날에는 꼭 나한테 전화하는 엄마의 마음이 이해되는 순간이었다. 같은 상처를 뼈에 새긴 사람이 생각나는 때가 있다. 엄마는 내가 좋아하는 섞박지를 담그는 중이었다. 요즘 나를 힘들게 하는 사람

에 관해 얘기했더니 엄마가 묵은지보다 더 짠 욕을 해주었다. 언니는 없지만 너에게 아무도 없는 건 아니라는 듯 엄마는 계속 욕을 했다. 그렇게 슬프고 힘이 되는 욕은 처음이었다.

나는 언니를 의식하며 살고 있다. 삶의 갈림길에 설 때마다 언니라면 어떤 선택을 했을까 생각해본다. 그러면 조금이라도 현명한 판단을 할 것 같은 기대가 있다. 어쩌다가 좋은 소식이 날아오면 제일 먼저 언니를 떠올린다. 언니가 동생을 잘 키워서 그렇다고 언니에게 영광을 던져준다. 살아생전 한 번도 주지 못한 영광과 치사를 죽고 나서야 바치는 이 부질없음이 공허하다. 그렇게라도 삶의 의미를 찾는 독한 존재가 산 사람인 것이다.

사무치는 사람이 있다는 건 축복이 아닐까 하는 생각이 들 때도 있다. 모순이고 역설이며 되게 슬픈 생각인데, 그만큼 소중한 존재가 있었다는 증표일 테니 축복 아닐까 싶다. 이 또한 산 자가 의미를 부여하는 이기적인 방식이다. 그러나 남겨진 자의 처지에서 보면, 떠난 사람도 떠나야 하는 의미를 안고 갔을 테니 그 역시 이기적이라는 생각이 든다. 떠난 사람은 남겨진 사람의 마음을 모르고 남겨진 사람은 떠난 사람의 마음을 알 수 없다. 누가 더 이기적인지 따져 무엇할까. 이승이든 저승이든 사무치는 사람들로 가득할 텐데.

언니가 죽고 나서야 비로소 사무친다는 단어를 쓸 수 있게 되었다. 그 말이 어떤 의미인지 도무지 감이 오지 않더니 이제는 사무치게 사무치는 마음을 알겠다. 인생에 오직 하나였던 사람의 부재는 오직 사무침. 떠난 사람 놓아주라는 허튼 충고는 하지 마시라. 사무치는 것들은 사무치게 내버려 두자. 누군가에겐 그 마음이 유일한 안식일지도 모르니까.

이생에 내가 이루고 싶은 목표는 단 하나다.

살아있는 동안은 늘 감사하고 행복하리라.

죽음은 모든 것을 용서한다

김 현 미

살면서 가장 심오해지는 순간은 누군가 죽는 순간일 것이다. 백치 같은 상태에 빠지는 순간도 마찬가지다. 자살이 삶에 백기를 들고 마는 것이라면 질병에 의한 죽음은 자연스러운 현상이다. 그러나 어떠한 죽음이든, 죽음에 대한 공포와 두려움 앞에서 인간은 주춤하기 마련이다.

아버지는 뇌경색으로 쓰러졌다. 2년 뒤에 다시 쓰러졌지만, 별

다른 증상 없이 가볍게 넘어갔다. 꾸준히 진료를 받고 약도 먹어야 한다는 의사의 말을 무시했다. 누구의 말도 듣지 않았다. 그 병은 이상하리만치 멀쩡하다가 불시에 사람의 뒤통수를 치는 것이었다. 세 번째 쓰러졌을 때 아버지는 일어나지 못했다. 언어능력을 상실했고 오른쪽 몸이 마비되었다. 이순의 나이에 돌아가신 아버지의 삶에는 체념이 스며있다.

농사일을 버거워하고 몸이 약했던 아버지를 대신해서 엄마가 일했다. 엄마는 황소처럼 들일과 밭일을 주도적으로 하던 사람이었다. 나는 엄마가 빨리 죽을까 봐 걱정하고는 했다. 엄마를 걱정한 게 아니라 엄마 없는 우리 가족을 걱정하는 마음이었다. 아버지가 돌아가셨을 무렵 엄마 나이는 겨우 쉰을 넘긴 나이였다. 내 나이 마흔이 되어서야 그 생각이 났다. 엄마가 어떻게 감당해 냈을지 상상조차 되지 않았다.

농사일과 병구완을 엄마 혼자서 감당할 수 없었다. 나는 아직 어렸던 아이 둘을 데리고 친정으로 갔다. 그제야 죽음이 어떻게 다가오는지를 두 눈으로 보았고 손발로 배웠다.

동네 친구분들이 문병 왔을 때, 말은 못 해도 정신은 맑았던 아버지의 얼굴에는 눈물이 흘러내렸다. 마지막 몇 달 동안 온종일 엄마만 기다렸다. 마루 끝 의자에 지팡이 짚고 앉아서 대문 쪽만 바라보고 있었다. 들일을 늦게 마친 엄마가 어두워서야 들어오면 아버지는 불같이 화를 냈다. 그럴 때마다 내가 끼어들었다. 죽을 때까지 엄마를 괴롭히느냐며 대들고 싸웠다.

아버지는 살고 싶다는 의지를 전혀 보이지 않았다. 매일 조금씩 이 세상이 아닌 다른 곳을 보는 눈빛이 되었다. 한 발자국씩, 발자국이 사라지는 것도 보였다. 생명의 불꽃이 꺼져가는 것이 눈에 보였다. 그것은 정말 이상한 경험이었다.

삶은 다양하지만 죽음은 단 한 종류뿐이다. 숨이 끊어지는 것. 더는 심장이 뛰지 않는 것. 그, 또는 그녀가 이 세상에서 삭제되는 것. 그러나 삭제되었다고 해서 그 사람이 존재하지 않는 것은 아니다. 분명히 그렇게 느꼈다.

장례식장에서 울어도 이상하지 않은 사람은 엄마뿐이다. 엄마의 눈물만이 이해되었다. 나머지 사람들의 눈물은 지나친 연기 같았다. 눈앞의 모든 이들의 눈물과 한숨, 통곡이 비현실적인 드라마 같았다. 내가 울지 않은 것은 아버지가 죽은 것이 아니라는 확신 때문이었다. 무표정하게 서 있는 나를 엄마는 예민하게 알아챘다. 그리고 사람들에게 변명하는 소리가 들려왔다.

"언니야, 미야가 안 운다. 이해해라. 저것이 옛날부터 인정머리가 좀 없다 아이가"

나는 내가 울지 않는 것이 조금도 이상하지 않았고 부끄럽지도 않았다. 울 이유가 없지 않은가! 어제까지도 아버지는 숨을 쉬고 있었고 지금은 단지 숨을 못 쉬게 되었을 뿐, 아직 아버지는 여기, 저기, 지금 있었다. 그는 사라지지 않았다. 한 인간의 평생이 아무리 하찮다고 해도 지우개로 지우면 쓱 사라지는 낙서 같은 것이 아니다. 아직은 살아있다는 것을 왜 모르는 것일까. 나는 분명히 느끼고 있었기 때문에 그들의 행동이 우스웠고 그들은 나를 이상한 눈빛으로 쳐다보았다.

장례식이 끝나고 나자 생각지 못했던 늪에 빠졌다. 인지하지 못한 기억들이 나를 휘감았다. 평생 아버지를 미워하며 다정하게 불러본 적이 없었다는 사실. 아버지가 게을러서가 아니라 병약하게 타고난 체질 때문에 힘든 일을 못 했다는 사실을 뒤늦게야 알게 된 것. 병간호하는 동안 싸웠던 일들. 무수한 기억이 목을 졸랐다.

어느 새벽에 정신을 차려보니 내가 대성통곡하고 있었다. 장례식이 끝난 지 두 달이나 지나서였다. 그때야 아버지의 죽음이 뼛속까지 전해져 왔다. 놀라서 깬 남편이 말없이 등을 쓸어주었다. 한 달 후엔 길가에서 감자를 팔고 있는 아저씨의 감자 같은 손등을 보고 똑같은 일이 일어났다. 사람들이 보는데도 눈물을 멈출 수가 없었다.

누군가를 만나는 데는 한순간이면 되지만 누군가를 보내는 데는 시간이 오래 걸리는 사람도 있다.

더 이상한 일은 엄마한테 일어났다. 아버지가 돌아가시자마자 엄마는 기억을 편집했다. 평생 아버지와 싸운 일이 없었고 특히 나에게 했던 모진 말들과 행동들에 대한 기억도 다 없어져 버렸다. 오로지 평화롭고 행복했던 인생을 살았다고, 우리를 볼 때마다 말한다. 이해 못 할 것도 없다. 죽음이 모든 것을 용서하게도 하니까. 어쩌면 남겨진 가족이 할 수 있는 가장 훌륭한 방법일지도 모르겠다.

장례를 치러 보자

윤 종 원

쉰여섯 번째 생일날 그가 죽었다. 생일은 그의 죽음에 묻혔다. 세상은 봄과 더불어 여기저기서 싹을 틔우고 꽃을 피우는데 그는 많은 동료를 두고 홀로 죽음의 세계로 들어갔다.

몇 해 전 음식을 씹다가 왼쪽 어금니 쪽에서 뇌를 관통당하는 통증을 느꼈다. 얼마나 지독했는지 그때부터 저절로 오른쪽으로만 씹었다. 스케일링할 때마다 치료하라고 했지만 바쁘다는 핑계로 미루었다. 치료할 때 생길 통증이 무섭기도 했고 치료비에 대한 부담도 있었다. 그러나 밑천이라고는 달랑 몸뚱이 하나인데 이게 고장 나면 어쩔 것인가? 가게를 찾는 사람들에게 상품을 설명하며 알랑방귀를 뀌어야 하는데 행여 입 냄새가 나면 손님이 도망가지 않을까? 큰마음 먹고 치료를 결정했다.

제법 큰 돈을 들여서 치료가 끝난 날 의사가 한마디 툭 던졌다. 치료가 너무 늦어 뿌리 쪽에서 썩으면 발치를 해야 한다고. 아니 이 무슨 귀신 씻나락 까먹는 말인가. 그럼 수십만 원 들여서 치료하지 말고 바로 뽑아야 하는 게 아니었냐고 따졌다. 의사는 말했다. 발치는 정말 손 쓸 수 없을 때, 가장 마지막에 하는 거라고. 자신의 양심을 믿어 달라고.

양치를 여러 번 해도 입안이 꿉꿉했다. 혹시나 하는 마음에 치과 세 곳을 들렸지만, 결론은 하나였다. 발치 이외에는 치료 방법이 없다는 것. 실낱같은 희망이 사라졌다. 절망의 콘크리트가 우르르 쏟아져 벽이 되었다. 벽을 보고 선 내게 간호사가 다가와 주의점을 설명했다. 결국, 발치를 결정하고 예약 날짜를 잡았다.

발치하는 날 아침에 알았다. 오늘이 나의 쉰여섯 번째 생일이라는 사실을. 생일이란 죽음의 계단을 한 칸 더 오르는 날이다. 수십 년을 함께 한 어금니가 죽는 날이 내 생일이라니. 탄생과 죽음이, 축하와 이별이 함께 하는 묘한 앙상블이었다.

발치한 치아는 의료용 폐기물로 구분되어 버려진다는 말을 들었다. 찝찝했다. 어린 시절 이가 빠지면 불타는 아궁이 안으로 던지며 까치에게 새 이를 달라고 빌었다. 작은 의식을 치르고 불에 태워지는 것과 병원의 각종 쓰레기와 뒤 썩여 버려지는 것은 차이가 너무 컸다. 나를 위해 오랫동안 수고하다 병들어 죽었는데, 함부로 버리는 게 싫었다. 서약서에 서명하고 이를 가져왔다. 잇몸에서 피가 나고 마취가 풀리면서 전해오는 통증보다 검은색을 띄우며 뽑힌 치아를 보는 마음이 더 착잡했다.

엄숙하게 어금니 장례를 치러 보자. 치약을 듬뿍 묻힌 새 칫솔로 꼼꼼하게 닦았다. 죽어서야 대문이보다 먼저 받는 칫솔질이 무슨 의미가 있을까. 음식물이 입에 들어오면 노동의 시작은 언제나 어금니였다. 잘게 부수고 질긴 것을 끊어 잘근잘근 씹는 역할이다. 일은 먼저 시작했지만 칫솔질은 맨 나중에 받았고 깊숙한 곳에 있으니 다른 치아보다 칫솔질을 꼼꼼하게 받지 못했을 것이다. 어금니가 먼저 죽은 이유다.

뚜껑이 있는 작은 유리병에 물을 붓고 락스를 듬뿍 넣고 치아를 넣었다. 책상 구석에 받침대를 놓고 올려놓았다. 부모님 산소 언저리에 묻거나, 나 죽으면 화장 후 묻을 나무 아래에 먼저 묻을 생각이었다. 저승에서 어금니 없이 살기 싫으니까. 락스물에 담근 치아를 꺼냈다. 손수건에 얹어 햇빛에 말렸다. 평생을 음지에서 살아서 밝음이 어색한 건 아닐까.

장례 치른 어금니를 가만히 쳐다보았다. 입안 어둡고 습한 자리에서 긴 시간 얼마나 고생이 많았을까. 측은한 생각이 든다. 젊은 시절 운전하면서 내뱉은 욕을 가까이서 보고 들었겠지. 사랑을 잃고 독한 소주에 밤새도록 잠긴 날도 여러 날 있었구나. 수업료 독촉하는 선생님을 오기로 빤히 쳐다보다가 귀싸대기 사납게 맞았을 때는 아픔과 분노가 뿌리까지 전해졌겠지. 머리 쪽 가까이 자리 잡고 있으니 내 슬픔과 가슴 아픈 사연을 풍문으로라도 들었겠구나.

어금니가 든든한 뒷받침이 되어준 시절이 두 번이나 있었다. 삼십 대에 IMF를 겪었다. 거래처가 부도가 나면서 통장에 커다란 구멍이 생겼다. 구멍은 닥치는 대로 집어삼켰다. 그뿐인가, 하루라도 늦으면 무수하게 걸려오는 전화. 구멍이 흡입하는 힘을 버티고 벗어나려 갖은 애를 썼다. 들려오는 욕설과 손가락질을 어금니 꽉 깨물고 버텼다. 큰 버팀목이 되어 주었다.

또 한 번은 코로나로 세상의 왕래가 끊긴 시절이다. 쇼핑몰에 매장이 있었지만 매출은 절반보다 더 떨어졌다. 덤으로 새로운 일거리를 찾아야 했다. 멀리 내다보고 선택한 일이 화물차 기사였다. 1종 대형 면허를 땄다고 바로 일자리가 있었을까. 낮에는 매장을 지키고 심야에 식자재 배달로 트럭 운전을 하며 감을 키웠다. 자정에 일을 시작해서 아침 9시쯤이면 머리는 멍하고 졸렸다. 어느 날은 신호등 색깔을 잘못 알아 사거리 한가운데 고립되는 아찔한 순간도 있었다. 너무 힘주어 어금니를 깨물어서 그랬는지 어금니에 금이 가고 가장자리가 깨졌다. 이때부터 치아 상태가 급속도로 나빠졌을 것이다.

어금니 꽉 깨물고 죽기 살기로 글을 써야 하는데 이렇게 가버리면 어떡하나. 아쉬움과 원망이 교차한다. 어금니를 손바닥에 놓고 움켜쥐어본다. 이가 없으면 잇몸이라고 했다. 남아 있는 반대쪽 어금니 한 쌍은 글 쓸 때만 꽉 깨물 것이다. 앞으로 생일을 보낼 때마다 먼저 간 어금니를 떠올리며 다짐해 볼 참이다. 다시 만날 때까지 꿈을 놓지 않겠노라. 부끄럽게 살지 않겠노라.

사랑이라는 말과 가장 닮은 것

김 현 미

"난 나무를 좋아해. 나무만 보면 마음이 편안하고 든든하고 엄마 같
아."

친구 민이 빈 커피잔을 내려다보며 말했다. 나는 눈을 커다랗
게 떴다. 그녀의 말이 왠지 그녀에게 어울리지 않는다고 느껴졌
다. 민은 관리받지 않아도 주름살이 거의 없다. 물광 나는 피부를
가졌다. 부드럽고 윤기 나는 머릿결이 화사한 미모를 완성한다.

패션 감각마저 남달라서 어딜 가나 눈길을 끌었다. 지나가는 남자들은 나이를 불문하고 뒤돌아보았다.

그녀가 화려한 외모에 걸맞지 않게 얼마나 바른 사람인지 알면 모두 놀랄 것이다. 독실한 신앙인인 민은 올곧은 성격과 부지런한 생활루틴을 가졌다. 몹시 말랐지만 깡이 있어 잘 아프지도 않고 리더쉽과 추진력도 장착하고 있어서 남편 대신 그녀가 사업을 했더라면 훨씬 크게 키웠을 것임을 그녀도 나도 알고 있다. 하지만 그녀는 사회적 성취보다 고상하고 우아한 것들을 추구했다.

그녀는 오랫동안 그림을 그려온, 지역에서 자리 잡은 화가이다. 청소년 심리상담 공부를 하더니 직접 상담 일도 하고 있다. 한 발 나아가 아예 대학원에 진학해 뒤늦게 사회복지학을 공부했다. 말년을 봉사하는 삶으로 마무리하고 싶다는 말을 여러 번 들었기에 그녀의 말과 행동은 작은 것조차 내 생각과 행동을 뒤돌아보게 만든다. 본인의 외모에 정성을 다해 꾸미는 일조차도 그녀가 하면 사치스럽게 느껴지지 않는다.

아무도 모르는 나만의 백합나무가 있다. 혼자 가서 한참 동안 아래에 있다가 오곤 한다. 나무 아래에 있으면 이상할 정도로 마음이 편안해진다. 백합나무는 튤립나무라고도 하는데 한여름이 되기 전에 튤립 같은 꽃이 달린다. 잎사귀조차 둥그런 튤립을 닮았다. 내 눈에 그녀는 키 크고 우아한 백합나무로 보인다. 나이 들어도 백합처럼 아름다운 그녀가 나무들만 보면 마음이 편안해지고 안심이 된다고 했을 때 바로 백합나무가 떠오른 이유다.

사람을 보면 저 사람은 어떤 나무와 닮았는가, 어떤 식물과 교감이 잘 되는 사람일까 생각하는 것이 버릇이 되었다. 무엇보다 나 자신은 어떤가. 나는 사시사철 푸르지는 않지만 잘 휘어지는 대나무를 닮았나 하다가도 좀 더 높이 자라기 위해 속을 다 비워버린 대범함을 생각하면 그건 또 아닌 거다. 잡초처럼 밟혀도 고개를 치켜드는 근성이 있는 것도 아니다. 이런저런 궁리 끝에 나는 가지들을 축 늘어뜨린 버드나무와 가장 닮았다고 여기기로 했다.

내 눈에 버드나무는 여성스러우면서도 품격이 있는 아름다운 나무다. 그래서 그냥 닮고 싶은 나무인 것이다. 물가에서 수면 위로 얼굴을 비추면서 하늘과 구름과 물 위의 수련들과 노니는 듯한 그 풍류스러움이 좋다. 버드나무라고 발음하면 은근한 멋이 느껴진다. 그런 사람이 되고 싶은가보다 나는. 고요하고 둥그런 물을 좋아하는 것도, 깨끗한 바람에 조용히 흔들리는 초연함도 닮고 싶다.

"당신은 지금 잘하고 있으니까 남들이 하는 말에 휘둘리지 말고 지금처럼 하면 돼. 그냥 밥 먹듯이 하면 돼."

내게 그렇게 말해주는 사람은 그녀뿐이다. 나는 좀 부족한 사람인 것 같다. 여기저기서 지적을 잘 받는 편이다. 늘 움츠려 있는 내 마음이 그녀의 말에 해방감을 느끼는 건 당연한 일이다. 본인이 좋아하는 나무처럼 늘 그 자리에서 다정하게 말을 건네는 그녀는 내게 소중한 사람이다. 나무의 한결같은 자세가 너무 좋다는 그녀를 사랑하지 않을 수 없다.

해마다 밝은 초록색의 손을 펼쳐 보이는 나무를 보면 그 속에 억눌린 슬픔이나 곪아버린 상처가 있는 것 같지는 않다. 이 세상에서 사랑이란 말과 가장 닮은 것은 나무 한 그루가 아닐까 싶다. 한 마디의 명령도 없이 세상의 새들을 다 불러 모으니까. 그리고 전력을 다해 땅과 하늘의 중심으로 질주하니까.

나무도 아닌 것이 풀도 아닌 것이

이정오

주기적으로 사진을 정리한다. 핸드폰 화면이 형형색색 꽃과 나무로 채워진 것은 코로나 이후부터다. 거리 두기로 인해 갈 수 있는 곳이 많지 않다 보니 주로 한적한 공원이나 숲을 찾게 되었다. 어딜 가나 시선을 사로잡는 건 시시각각 변하는 나무들이었다. 봄엔 심쿵한 분홍빛 표정을 짓고 여름엔 산들산들 초록빛 춤을 추며 가을이면 제법 위엄있는 자태를 뽐낸다. 꽃과 잎, 열매까지 모두 내어주고도 한겨울엔 하얗고 보송보송한 꽃을 피워내며 자신의 존재를 알리는 나무들. 이런 나무들을 어떻게 모른 척할 수 있을까?

그 여름 죽녹원도 사람과 더위를 피해 갔던 곳이었다. 대나무 숲에 들어서는 순간, 심장이 고동쳤던 기억이 지금도 생생하다. 동산 하나가 거의 대나무로 뒤덮인 그곳은 마치 딴 세상 같았다. 날씬하게 쭉쭉 뻗은 가지들이 촘촘히 엉켜 시원한 그늘을 만들어 주었다. 댓잎들이 부딪히는 소리는 파도 소리를 닮았다. 마스크를 벗고 숲의 초록과 바다의 소리로 가슴을 채웠다. 참 오랜만에 느끼는 청량감이었다.

죽녹원 방문을 계기로 새롭게 알게 된 사실이 있었다. 대나무는 나무가 아니라는 것. 반평생 대나무를 나무로 알고 지낸 나에겐 다소 충격이었다. 대나무는 식물학적으로 풀에 속한다고 한다. 나무란 단단한 부분이 있어야 하고 부피 생장을 해야 하는데 대나무는 위로만 자라고 옆으로는 거의 자라지 않아 나무에 속하지 못하는 것이다. 한자인 대나무 죽竹도 풀 초艹를 거꾸로 표현한 걸 보면 대나무는 풀이 맞나 보다.

나무도 아닌 것이 풀도 아닌 것이

곧기는 누가 시켰으며 속은 어찌 비었는가

저렇게 사철에 푸르니 그를 좋아하노라

　　　　　　　　　　　　– 윤선도 「오우가」

또 한 가지 흥미로운 사실은 땅 밑의 세계에 있었다. 위로 쭉쭉 뻗은 대나무가 땅 밑에서는 수평으로 자란다고 했다. 옆으로 뻗어 나간 뿌리들이 서로 연결되어 있어서 어떤 나무에 문제가 생기면 즉시 곁에 있는 나무들이 필요한 물질과 영양을 공급해 주는 재생 시스템을 갖추고 있다. 그러고 보니 저 홀로 서 있는 대나무는 점집 앞이 아니고선 보지 못한 것도 같다. 서로 연결되어야 더 잘 살 수 있는 것은 비단 대나무뿐만은 아닐 것이다.

2020년, 내가 사는 지역의 남쪽 끝자락에 책방이 문을 열었다. 문제집이나 참고서를 파는 문고형 서점은 몇 개 있었지만 진정한 독립서점이자 동네 책방으로는 처음이었다. 내 인생의 첫 독서 모임도 그곳에서 시작됐다. 엄마들이 아이들을 등원시키고 잠시나마 숨을 돌릴 수 있었던 그곳은 든든한 당산나무 같은 존재였다. 우리는 책의 그늘에서 글을 썼다. 하지만 책만 팔아서 버티기에 이곳의 임대료는 너무 비쌌다. 이제 막 타오르는 불씨가 현실의 냉혹한 벽에 부딪혀 꺼져버리는 건 아닌가 싶을 때, 새로운 책방들이 문을 연다는 소식을 들려왔다. 그들이 견뎌야 할 현실도 위태롭기는 마찬가지였다. 얼마 전에도 'OO책방'이라는 나무가 하나 사라졌다. 개인적인 이유도 있었지만, 동네 책방 생태계의 문제가 더 컸기에 마음이 아팠다. 그런데도 신기한 건 책방들이 꾸준히 늘고 있다는 사실이다.

지금은 동네 책방만 십여 곳이 넘으며 그중 하나가 내가 운영 중인 '오래책방'이다. 수요자인 책 읽는 사람, 그중에서도 책을 사서 읽는 사람은 나날이 감소하고 있다는 통계에도 불구하고 공급자인 서점이 계속 늘어나는 건 왜일까? 경제 원리에도 한참 어긋나 보이는 이 현상을 어떻게 해석해야 할지 책방 운영자로서도 설명할 길이 없다. 나 같은 무모한 사람들이, 하지만 책을 사랑하는 사람들이 어딘가에 존재한다는 사실을 위안 삼아 오늘 하루도 잘 버텨보려고 한다.

정글 같은 도시에서 점처럼 존재하며 끈끈한 유대관계를 맺고 있는 동네 책방들. 단톡방과 매월 모임을 통해 필요한 정보들을 공유한다. 우린 서로 독립적이면서도 느슨한 연대를 이루며 경쟁이 아닌 공생을 선택했다. 갓 심겼을 때는 허허벌판에 초라한 나무 한 그루 달랑 서 있는 애틋한 모습이었으나 뿌리를 뻗어 나가며 서로 연결되어 가는 중이다. 성장이 가장 빠른 식물인 대나무도 뿌리를 내리고 싹을 틔우기까지는 3, 4년의 세월이 걸린다고 한다. 그 세월을 버텨야 하루에도 일 미터씩 자랄 수 있다. 책방들도 대나무 같았으면 좋겠다. 처음엔 좀 시간이 걸릴지라도 동네 사람들에게 그늘을 만들어 주고 바람을 실어주는 쉼터 같은 나무로 자리매김했으면 좋겠다. 공생이 갓생임을 기억하며.

천년을 살아도

Sunny Kim

빛이 사라졌다. 빛은 소리의 소멸을 동반했다. 집 안이 불시에 고요해졌다. 쉴 새 없이 깜빡이던 인터넷 라우터의 작은 불빛마저 사라진 집안은 적막공산으로 변했다. 창밖을 확인하니 모든 경계를 지운 어둠이 농밀하게 내려앉아 있었다. 그러나 나는 당황하지 않는다. 이런 일쯤이야 예사라는 듯 휴대폰의 후레쉬를 켜고 비상용 랜턴과 촛불을 밝힌다. 폭우와 강풍 예보가 적중했으니 어디선가 나무가 쓰러지며 전깃줄을 덮쳤을 것이다. 겨울이 우기인 밴쿠

버에서 자주 발생하는 정전사태인지라 준비해둔 비상 물품을 확인한 후 복구될 때까지 느긋하게 기다릴 뿐이다.

캐나다는 나무와 공원의 나라다. 전국에서 자라고 있는 나무만 잘라 팔아도 온 국민이 백오십 년 정도는 거뜬히 놀고먹어도 될 정도라고 한다. 특히 해양성 기후인 서안은 풍부한 강수량과 온난한 기후 덕에 울창한 숲이 많다. 이렇게 된 건 환경 탓도 있지만 국민의 나무 사랑도 한몫했다. 건물을 짓기 전에 제일 먼저 하는 일이 근처의 나무들을 보호하기 위해 울타리를 치는 일이다. 수령이 오래된 나무는 내 집 울타리 안에 있는 것일지라도 함부로 자를 수 없다. 여름이면 울창해지는 나무에 가려 집들이 사라져버리는 마술이 일어난다. 이 정도면 서안해양성 기후에서는 인간이 나무와 더불어 사는 게 아니라 나무가 인간을 데리고 살아주는 형국이다.

집 주변에도 나무가 흔하지만 나는 근처 숲으로 자주 들어간다. 숲속에 이르러 나무 그늘에 섰을 때의 상쾌함은 어디에서도 찾을 수 없기 때문이다. 나무가 내뿜는 피톤치드를 듬뿍 들이마시면 몸과 마음이 치유되는 느낌이 들기도 한다. 내가 주로 가는 숲에는 수령이 천년 가까이 되는 자이언트 나무 군락이 있다. 이 땅의 원주인들과 함께 오랜 세월 살아온 신성한 나무들이다. 지난해 겨울 그 나무 중에서 가장 수령이 오래된 나무가 쓰러지는 불상

사가 발생했다. 초기 정복자들의 목재 수탈에서도 살아남은 천년 나무가 강풍에 그만 쓰러져버린 것이다. 아이들이 어렸을 때부터 보아온 나무였다. 우리 가족 전부가 손을 맞잡고 빙 둘러서 둘레를 재보며 감탄하던 나무였다. 꼭대기를 쳐다보려면 고개를 힘껏 뒤로 젖혀야 할 만큼 수고도 높았다. 거칠거칠한 몸통을 끌어안고 귀를 갖다 대면 수관이 물을 빨아올리는 소리가 들리는 듯도 했다. 사철 푸르른 바늘잎이 얼마나 빽빽한지 낮에도 주위가 어둑할 정도였다.

기사를 접한 다음 날 숲으로 갔다. 불과 며칠 전까지 변함없이 생생하던, 나보다 더 오래 살 것 같았던 천년 나무는 허리가 댕강 부러지고 밑동부터 뿌리가 뽑힌 채 경사진 땅에 거꾸로 처박혀 있었다. 넘어지면서 근처에 있는 나무들을 덮치는 바람에 영문도 모른 채 비명횡사 당한 어린 나무들로 아수라장이었다. 갈래갈래 찢긴 나무의 하얀 속살을 타고 소리 없는 겨울비가 내렸다. 한숨이 새어 나왔다. 오랜 친구를 잃은 것처럼 마음이 아려 한참을 그 앞에 서 있었다.

겉모습으로는 알 수 없는 것들이 있다. 늠름한 자태로 숲의 수호신 역할을 해온 나무의 뿌리가 어떤 상태였는지 뽑힌 후에야 알게 된 것처럼 말이다. 서안 해양성 기후의 나무들은 뿌리를 깊이 내리지 않는다고 한다. 땅은 비옥하고 물은 풍족하기 때문이다. 물과 양분을 구하려고 굳이 힘들게 땅속 깊이 뿌리 내리는 수고를 할 필요가 없는 것이다. 천년 나무도 그랬을 것이다. 욕망이 쉽게 구현되고 결핍은 바로 충족되는 삶이 인간만 연약하게 만드는 게 아니었다.

돌이켜보면 이민 오기 전 내 삶은 비옥한 땅에 심긴 나무였다. 미래를 향해 안정적으로 우상향 중이었다. 앞날은 알 수 없다지만 적어도 겉으로는 그렇게 보이는 환경이었다. 도전할 필요를 느끼지 않았고 감당할 만한 일들만 골라 감당하면 족했다. 자신감을 가지고 새로운 곳으로 도약했지만, 예상은 보기 좋게 빗나가고 말았다. 새 땅에 뿌리내리는 것이 절대 만만하지 않음을 알고 정신을 차렸으나 이미 늦은 때였다. 몸은 여기에 있는데 머리는 언제나 서쪽을 향해 있었다. 마음 붙일 곳을 찾지 못해 부평초처럼 물 위에 둥둥 떠다니는 삶이었다.

깊이 뿌리 내리지 못한 천년 나무의 최후를 목격한 충격이 쓰나미처럼 몰려왔다. 나를 매어둘, 깊이 뿌리 내릴 땅을 찾아야겠다고 결심한 계기였다. 흔들릴지언정 쓰러지지 않기 위해 뿌리 내릴 나만의 땅. 그것이 인간관계일 수도 혹은 문학처럼 눈에 보이지 않는 것일 수도 있지만 찾게 된다면 그때는 어디에 살건 상관없겠다는 생각에 이르렀다.

뿌리 깊은 나무는 바람에 아니 뮐새 꽃 좋고 여름하나니.

학창시절 뜻 모르고 외웠던 옛 문장 한 구절이 가슴에 콕 들어
와 박힌다.

사랑의 살구나무

윤 종 원

고향 집은 초가집 두 채를 흙담이 둘러싸고 있다. 뒤뜰에 제법 큰 살구나무가 수호신처럼 버티고 있었다. 집을 지을 때 심었던 살구나무가 해마다 조금씩 그 몸피를 키웠나 보다. 이십 년 이상을 자라 해마다 맛있는 살구가 주렁주렁 달렸다.

봄에 분홍색 꽃이 피면 초가집과 어울려 명화 같은 풍경을 만들었다. 봄바람에 꽃잎이 흩날리며 떨어지면 장독대와 마당에 꽃눈이 내렸다. 살구꽃이 활짝 핀 나무 아래 서 있으면 새콤한 살구

맛 생각에 침이 고였다. 여름철에는 그늘에 멍석을 깔아 여름 한 낮의 열기를 피해 달콤한 낮잠을 자기도 했다. 가을에 살구나무 잎이 떨어지면 한곳에 모아두고 아궁이 땔감으로 썼다. 깊은 겨울밤 나뭇가지 사이를 지나는 바람 소리는 자연의 교향곡이 되어 귀를 쫑긋하게 했다.

살구나무는 우리 집과 동네를 알리는 표지판이었다. 마을에서는 우리 형제들을 '살구나무 집 아이'로 불렀다. 우리 집이 살구 나무집으로 불린 가장 큰 이유는 살구 맛이 최고였기 때문이다. 빛깔만 요란한 개살구와는 차원이 달랐다. 풍부한 과즙의 맛을 떨쳤다. 가난한 집에 유일한 자랑거리였다. 살구가 익어 수확하는 날을 이웃집도 기다릴 만큼 그 맛이 특별했다.

나는 살구나무에서 두 가지 삶을 배웠다.

첫 번째는 배운 것은 농부 아버지의 성실함이었다. 살구꽃이 떨어지고 초록색 열매가 달리면 부모님은 살구 한 알이라도 따는 일을 허락하지 않았다. 호기심에 장대로 살구나무를 두드렸다가 호되게 혼난 다음부터는 나무를 흔들지 않았다. 오죽하면 새가 집을 짓고 알을 낳고 새끼를 키웠을까. 살구가 무르익어 터는 날까지는 누구도 살구나무 근처에 가지 못했다. 익은 살구가 떨어지면 부모님이 아침저녁으로 주워 와서 식사가 끝난 뒤에 나누어 주었다. 내 입에는 맛있기만 한 살구를 부모님은 시다며 한 개도 먹지 않았다. 살구를 물리는 부모님 속마음을 그때는 몰랐었다.

살구 수확하는 날은 장날 아침이었다. 아버지는 새벽에 우리를 깨워 커다란 비닐 네 귀퉁이를 붙잡게 하고는 살구나무를 흔들고 장대로 가지를 쳤다. 떨어지는 살구는 툭툭 소리를 냈다. 한겨울의 폭설처럼 쏟아진 살구는 비닐 위에 순식간에 쌓였다. 아버지는 잘 익고 알이 큰 살구는 장터로 가져갔고 떨어지면서 갈라지거나 알이 작고 품질이 떨어지는 건 우리 몫으로 주었다.

부모님은 수확한 살구를 이웃집에 골고루 나누기도 했다. 어느 집에서도 빈 그릇으로 돌아오는 일이 없었다. 기와집 아주머니는 쌀 한 됫박을 보내주었다. 부모님은 쌀을 보낸 집에 장터로 가져갈 살구를 더 갖다 주라고 했다. 그날 저녁부터 오랫동안 보리밥에 쌀밥이 섞여 있었다.

장이 끝나고도 한참 더 지나고 어두워지면 아버지가 돌아왔다. 살림살이에 필요한 물품과 형제들 고무신을 사 왔다. 살구를 따는 날은 신발을 개비하는 날이었다. 아버지는 살구를 장터 과일가게에 바로 넘기지 않았다. 더 많은 이문을 내고자 직접 팔았다. 맛있는 살구 사라고 외치며 장이 파할 때까지 아버지는 살구를 팔았다. 검정 고무신은 아버지가 온종일 모르는 사람들을 향해 소리 지른 대가란 것을 그때는 몰랐었다. 아버지의 피부는 살구나무처럼 검은색에 가까웠다.

두 번째 배운 것은 어머니의 나눔이었다. 열 살 무렵 살구나무 법칙이 깨어진 날을 아직도 생생하게 기억한다. 그날은 부모님의 밭일이 늦게 끝나 저녁밥이 늦었다. 배가 고팠던 형제들은 밥상이 차려지자 정신없이 먹었다. 아쉬워도 밥을 더 달라고 하는 식구는 없었다. 더 먹을 밥이 없다는 걸 모두 알고 있었다. 밥상을 치우는데 누군가 마당으로 쑥 들어왔다. 내 또래의 처음 보는 아이였는데, 거지꼴을 하고 있었다. 우리 집 살림을 아는 동네 거지였다면 들어오지 않았을 것이다.

늦은 시간에 들이닥친 손님을 보고 어머니는 몹시 당황했다. 조금 전 밥솥을 긁는 소리를 가족 모두 들었다. 여느 집처럼 밥 한 그릇 남겨둘 여유가 없었다. 동냥 그릇을 채워주려면 밥을 해서 주는 방법 말고는 없었다. 어린 거지의 간절한 눈빛을 보았지만, 배를 채워 줄 방법은 없었다. 초 여름밤의 정적이 어두움과 함께 마당에 깔렸다.

갑자기 어머니가 빨랫줄에 걸쳐있는 장대를 들었다. 거지를 쫓으려는 줄 알았다. 거지가 몸을 움츠렸다. 어머니는 장독대를 돌아 살구나무를 세차게 두드렸다. 돌아오는 장날 수확을 준비하던 살구였다. 그해 살구는 유난히 컸었다. 한 번, 두 번, 세 번. 가지가 휘청거리며 살구가 떨어졌다. 벼락같이 화를 낼 거라 생각했던 아버지도 아무 말이 없었다. 어머니는 살구를 깨끗하게 씻어 동냥 그릇을 가득 채워주었다.

"미안하다. 쌀도 밥도 다 떨어지고 이것밖에 없다. 저 집으로 가 보거라."

어머니는 살림이 넉넉한 이웃집을 가리켰다. 어린 거지는 뒷걸음치며 고맙다는 인사를 여러 번 했다. 어머니는 행주치마로 눈물을 찍어 냈다. 그날 어머니는 자식들에게 당부하셨다.

살면서 배고픈 사람을 절대로 외면하지 말라고. 제일 큰 죄를 짓는 것이라고.

가만히 있어도 예쁜 풍경과 상큼한 냄새를 건넸던 살구나무는 가만히 있지만 않았다. 우리 집 생계 수단이 되어주었고 이웃과 정을 쌓는 매개체가 되어주었으며 자식에게 인생을 가르칠 수 있는 칠판이 되기도 했다. 어릴 적에 유일한 자랑거리였던 살구나무는 손주 볼 나이가 된 지금까지도 나의 자랑거리다.

동그라미와 오아시스

이 수 현

내 머리엔 동그라미가 있다. 공원도 호수도 아니다. 동그란 사막이다. 개간은 꿈도 꾸지 못하는 땅. 생명은 찾아볼 수도 없는 그곳. 검은 콩도 스테로이드 주사도 소용없었다. 동그라미는 기세를 확장해갔다. 겨우 이십 대 초반이었다.

"물구나무서기를 해. 머리카락도 나무랑 같아. 비옥한 토양이 되려면 혈액순환이 중요해."

머리카락이 하나도 없는 딸이 걱정되었던 엄마가 한의원에 데리고 갔다. 물구나무를 서라는 한의사의 말이 엄마도 황당했는지 약은 짓지도 않고 그냥 집에 왔다. 검은 콩 달인 물로 머리를 감아라, 휘발유를 머리 빠진 자리에 발라라, 증명되지 않은 방법이라도 탈모에 관한 방송이 나오면 TV 음량을 키우는 게 습관이었다.

스물다섯, 대학 졸업하자마자 머리카락의 90%가 소실되는 전두탈모증이 왔다. 오백 원짜리 크기의 동그라미들이 점차 반경을 넓히더니 두 달 새 머리를 감으면 수챗구멍이 막힐 정도로 빠지자 겁이 났다.

토익 시험 당일엔 원서의 사진과 대조해야 한다는 감독관의 말에 모자를 벗어야만 했다. 장례식장에서 절할 때는 모자가 벗겨질까 봐 난감했다. 취업특강에 참여했을 때는 강사가 면접 때 탈모 때문에 불리할 수 있다고 했다. 산에 가면 너무 더워 모자를 벗을 수밖에 없는데 그럴 때면 나를 보는 시선이 느껴졌다. 내 쪽을 가리키며 쑥덕이는 것 같았다.

백만 원이 넘는 인모 가발도 소용이 없었다. 여름에는 통풍이 안 되어 두피에 땀띠가 났다. 모기떼에 물린 것처럼 머리가 가려웠다. 머리카락이 한 올도 없는 맨살에 온종일 가발을 쓰니 까끌

까끌했다. 가발의 가르마가 왔다 갔다 움직여서 꽉 고정하면 고무
줄 닿는 부위가 벌게지고 두통이 왔다.

동그라미 속에서 헤매던 시절 내 자존감은 황량한 사막에서
굴러다녔다. 그것을 붙잡느라 치기 한번 부리지 못했던 젊음이 떠
났다.

사막에서 오아시스를 찾은 건 서른다섯 살 무렵이었다. 동네
예술창작소에서 그림 에세이 수업을 한다는 포스터를 보고 찾아
갔다. 선생님이 누군지도 어떤 방식으로 수업하는지도 모른 채 그
저 일주일에 한 번, 단 두 시간만이라도 육아에서 벗어나고 싶었
다. 생후 6개월이었던 쌍둥이는 시부모님이 봐주시기로 했다.

수업이 시작되었다. 글과 그림으로 자기를 간단히 소개하라고
해서 짧게 인사하고 자리에 앉았다. 당시 탈모로 모자를 푹 눌러
쓰고 다닐 때라 나를 드러내고 싶지 않았다. 십 년 동안 낫지 않는
전두탈모로 인해 새로운 관계를 만들지 않고 살았다. 깊은 관계가
되는 게 싫어서 선생님이나 동료가 말을 걸면 짧게 답하고 수업
이 끝나자마자 집으로 갔다.

하루는 선생님이 손을 그려보라고 했다. 그때 급성류머티즘이
와서 조조강직으로 아침마다 구부려지지 않는 내 손을 그렸는데,
선생님이 보더니 본인도 그렇다고 말하는 게 아닌가. 나와 같은

질병이 있는 환우를 가까이서 본 건 처음이었다. 같은 질병을 앓고 있지만, 선생님은 나와 달랐다. 선생님은 사람들에게 먼저 말을 건네고 친절한 웃음을 주고받으며 살고 있었다. 관계에 유연해 보였다.

"모자 벗고 있어도 돼요, 수업 때는."

선생님의 다정함 덕분에 안전한 공간이 생겼다. 전두탈모를 겪은 십 년 동안 집 외의 공간에서 모자를 벗어 본 게 처음이었다. 목요일이 기다려졌다. 선생님과 동료들은 내가 모자를 쓰든 벗든 있는 그대로 봐주었다. 그 시간에는 내가 다른 세계에 있는 것 같았다. 안전한 사람들과 같이 작업하다 보니 시나브로 세월이 흘렀고 머리도 났다. 모자를 쓰지 않아도 될 정도가 되었다. 이상했다. 그렇게 신경 쓸 땐 나지 않던 머리카락이 사람들을 만나 시절을 같이 보내다 보니 저절로 났다.

"괜찮겠어요? 탈모를 그림책으로 이야기하는 것."

우리는 각자 가지고 있는 이야기로 그림책을 만들어보기로 했다. 머리카락이 하나도 없는 나를 계속 그리고 수정해야 하는

데, 대면할 수 있겠냐는 선생님의 물음이었다. 나는 평온한 마음
으로 대답했다.

"채색이 어려워, 마음 힘든 것까진 모르겠어요."

그림책 작업을 하면서 뒤늦게 깨달은 것들이 있다. 사막에도
오아시스가 있다는 것과 바다 저 밑바닥에도 모래가 있다는 사실.
자신의 결함이나 상처를 숨기는 데만 급급하면 희망 또한 숨어버
린다는 사실도 깨달았다. 누구나 숨기고 싶은 동그라미 하나씩 가
지고 있을 것이다. 한 번쯤 용기 내어 굴려보았으면 좋겠다. 둥근
것은 잘 굴러가지 않던가. 그게 오아시스가 있는 방향이기를 빈
다.

애초에 꽃 피울 필요가 없는 일이었다

이윤화

"어디 가서 사주를 봤더니, 너는 애 키우는 일이 마른나무에 꽃 피우는 일이라더라."

엄마는 아이 양육에 유독 어려움을 겪는 막내딸을 가여워했다. 둘째가 발달장애 진단을 받기 전이었고 예민한 큰아이를 키우는 것만으로도 허덕이던 때였다. 꽃이 피긴 핀대? 나는 시니컬하게 되물었다. 결과적으로 꽃이 피기만 한다면 마른 나무면 어떠

라. 젊고 건강한 삼십 대의 나는 꽃이라는 결과물을 낼 수만 있다면, 마른 나무여도 괜찮다고 생각했다.

둘째가 발달장애 진단을 받자, 살아보기도 전에 용어가 주는 위압감에 기겁했다. 삶이 호락호락하지 않다는 것을 깨닫는 날의 연속이었다. 가족들 밥을 챙기고 출근을 하고 퇴근 후 치료실을 전전하며 아이를 씻기고 재우면서도 부족한 엄마라고 자책했다. 오지 않은 시간에 대한 두려움으로 잠을 설쳤다. 세상이 말하는 꽃의 대열에 합류하지 못한다는 소외와 외로움에 시달렸다. 꽃을 피우기 위해 분투했지만, 내가 물을 너무 적게 주거나 지나치게 많이 주고 있을까 봐 늘 불안했다. 빛을 가리고 있나 싶어 걱정한 날도 잦았다. 시간이 더 흐르면서는 끝내 꽃 피우지 못할까 조급한 마음도 들었다.

회사 옆에는 멋진 산책로가 있다. 산책로의 절정은 4월이다. 길게 늘어선 나무들이 벚꽃 터널을 만드는 시기다. 올해는 벚꽃이 한창일 때 비 내리는 날이 적었다. 덕분에 예년보다 벚꽃을 즐기는 호사를 오래 누렸다.

사실 나는 5월의 산책로를 조금 더 사랑한다. 햇빛과 바람이 만들어내는 길 위의 일렁이는 나무 그림자와, 녹음으로 짙어지기 전의 연둣빛 잎들, 낮게 자리 잡은 클로버와 화려하지 않은 개망

초, 이름 모를 수많은 풀과 나무들이 뿜어대는 초록의 냄새들. 바람은 또 얼마나 다정한지. 걷다 보면 꽃을 피우지 않는 나무가 많다는 것을 알게 된다. 꽃을 피우지 않아도 자꾸만 들여다보고 미소 짓게 하는 나무와 풀들. 화려하지 않지만, 충분히 아름다운 것들. 산책로에는 그런 것들이 더 많았다.

장애가 있는 둘째를 키우며 자주 생각했다. 나의 육아가 마른 나무에 꽃을 피우는 일이라면, 내 아이는 마른 나무인가. 꽃을 피운다는 건 어떤 것일까. 마른 나무에도 꽃은 필까. 마른나무에 꽃 피우는 육아를 해오다 보니 알 것 같다. 마른 나무에는 꽃이 피지 않는다. 꽃을 피우는 모든 나무는 마르지 않은 나무이다. 마른 것처럼 보일 수는 있어도 살아있는 나무다. 꽃을 피우지 않고도 살아있는 나무 또한 많다. 그것을 알아보거나 알아채지 못하는 이들이 있을 뿐이다.

얼마 전 베란다 화분에서 몇 년 만에 빨갛게 피어난 꽃을 보았다. 이름조차 모르는 식물이었다. 경이로운 마음으로 한참을 들여다보았다. 꽃이 피기 전까지는 꽃나무인지도 몰랐다. 나는 식물을 잘 키워내지 못하는 사람이다. 베란다의 화분은 대부분 둘째가 학교에서 활동 후 가져온 것들이다. 의무감으로 물을 주었을 뿐이다. 나무는 내가 잘 돌봐서가 아니라 나무 자체의 생명력으로 살아내고 꽃을 피웠다. 모든 살아있는 것들을 살게 하는 가장 큰 힘은 자기 안에 있다는 것을 알겠다.

둘째는 성인기에 들어섰다. 그리고 나는 더 이상 마른 나무에 꽃을 피우겠다는 생각을 하지 않는다. 물론 내가 더 애썼다면 둘째의 장애 정도가 약해지지 않았을까, 스스로 할 수 있는 일이 훨씬 많지 않을까 생각할 때가 있긴 하다. 하지만 적어도 이제는 내 아이가 마른 나무가 아니란 것을 알고 있다. 그래서 '세상이 환호하는 꽃'을 피우지 못해 안달하지도 않는다.

모든 살아있는 존재는 살아있는 이유와 의미가 있다고 여긴다. 각자의 소임이 있다고 믿는다. 살아있는 자체가 증거가 될 것이다. 나는 둘째가 이 세상에서 자기 자신으로 자연스럽게 살아갈 수 있기를 원한다. 자연스러움이야말로 존재의 아름다움을 절정에 치닫게 하는 방법이라고 믿고 있다. 그것을 알아주는 사람들이 많기를 소망한다.

점심시간, 간단한 도시락과 책 한 권을 끼고 사무실을 나섰다. 산책로를 가로질러 하천의 다리를 지나면 몇 그루의 버드나무가 있다. 나무를 마주하고 벤치에 앉으면 치렁치렁한 나뭇가지 너머로 내가 걷던 산책로가 보인다. 그 길을 따라 걸을 때와는 다른 풍경이 펼쳐진다. 길 밖으로 나와야만 보이는 것들이 있다.

물을 정화하기 위해 강기슭이나 호수 주변에 자리를 둔다는 버드나

무를 보며 생각했다. 보이는 것에만 사로잡히지 말자고. 보이지 않는다고 존재하지 않는 건 아니라는 것을 잊지 말자고. 자기 자리를 지키며 사는 존재들은 모두 다 아름답다는 것을 기억하자고.

　살아갈수록 삶은 결과 없는 과정의 연속일 뿐이라고 생각하게 된다. 이제 와 보니 애초에 아이를 키우는 일은 꽃을 피우는 일일 필요가 없었다. 우리는 모두 존재 이유를 가지고 태어났고 살아가고 있고 그것으로 완전하다고 느낀다. 누구는 팔자라고 하고 누구는 운명이라 부르고 또 누군가는 신의 섭리라 칭하는 그것을 수용하고 '그냥' 살아가면 되는 것이다. 그것으로 충분하다고 믿는다. 곧잘 잊고 자주 흔들리지만 말이다.

나는 말라가는 나무입니다

이 은 정

사람 팔자 좀 본다는 양반들이 말했다. 내 사주는 아주 큰 나무라고. 하늘을 다 가릴 만큼 커다란 나무라고. 그 말을 처음 들었을 때 비유가 무척 마음에 들었던 나머지 대놓고 좋아하는 티를 낸 것 같다. 큰 나무라면 유명한 작가가 된다는 뜻인가? 부귀영화를 누린다는 뜻인가? 머릿속에 온갖 상상의 나래가 펼쳐졌고 없던 희망들이 마구 솟았다.

한국말은 끝까지 들어봐야 했다. 역시 반전이 따라왔다. 큰 나무는 맞는데⋯. 물이 없어서 푸석푸석 말라가고 있어. 물이 필요해. 실망한 내가 물었다. 물을 어떻게 구해요? 사주에 물이 많은 사람을 가까이하는 게 제일 좋고 실제로 물을 끼고 사는 것도 좋다고 했다.

생각해보면 나는 물을 많이 마시는 사람도 아니고 물에 들어가는 것도 좋아하지 않는다. 바닷가에서 자랐지만, 바닷속에 들어간 적 없었다. 바다가 무서웠다. 엄마와 목욕탕에 가면 탕 안에서 삼 분도 버티지 못했다. 수압이 내 몸을 옥죄는 느낌에 숨이 턱턱 막혔고 때로는 죽음의 공포를 느끼기도 했다. 내가 나무인 줄도 모르고 물을 그렇게 멀리하며 살아왔다.

사주에 물 많은 사람을 곁에 두면 좋다는 말, 되새기며 살았다. 그런데 그런 사람은 어떻게 알아볼 수 있을까. 만나는 사람마다 물어봐야 할까. 당신은 사주에 물이 있나요? 이건 뭐 도를 아십니까, 와 다를 게 없다. 제 사주에 물이 많습니다. 제가 당신께 물을 드리죠. 누가 이렇게 다가오는 것도 무섭지 않은가? 중요한 점은 그런 사람이 곁에 있다고 한들 타인에게 의지하지 않는 내 성격이 문제 될 게 뻔했다. 차라리 혼자 말라가는 쪽을 택할 사람이니까.

한때 집안에서 화초도 많이 키웠고 산마을에 살면서는 나무와 각별하게 지냈다. 적당히 비가 내리고 나면 그 푸르름이 얼마나 찬란했는지 기억한다. 물은 그런 것이었다. 살게 만드는, 찬란하게 만드는. 토양이 있고 햇볕이 있어도 물이 없으면 말라버리는 나무들처럼 사람도 마찬가지인 것 같다. 집이 있고 쌀이 있어도 가장 중요한 건, 물이다. 물 없이 사흘을 버티기 힘든 게 사람이니까.

나는 나무다. 어쩌자고 나무로 태어났을까.

소설가 한강의 책 『채식주의자』에는 자신이 나무라고 생각하는 여자 '영혜'가 나온다. 육식을 거부하다가 끝내 먹는 행위 자체를 종료한 영혜는 몸도 마음도 아이로 퇴화한다. 인간의 잔인함과 폭력성에 맞서 가장 해롭지 않은 존재로 나무를 택한 여자. 그녀는 언니에게 말한다. '나, 몸에 물을 맞아야 하는데. 언니, 나 이런 음식 필요 없어. 물이 필요한데.' 문득 그 대사가 떠올라 책을 재독했다. 읽는 내내 목이 말랐다. 소설 속 영혜에게는 억지로 음식을 주는 가족이 있지만, 내게는 물 한 잔 가져다줄 사람이 없다. 그래서 나는 스스로 살아내야 한다. 인간으로서도, 나무로서도.

나는 나무다. 그것도 수분이 부족한 나무.

살면서 너무 많이 울었던 게 원인일지도 모르겠다. 일단 태어날 때부터 울었을 것이다. 공포와 두려움에 노출되었던 유년기에는 삶이 억울해서 나를 때리며 울었다. 청년이 되어서는 사람과 꿈에 절망할 때마다 울었고 중년이 되고 나서는 모든 인생을 연민하며 울었다. 아마 나는 노년이 되어도 우느라 수분을 다 날려버리겠지. 그때의 눈물에는 기쁨이나 환희가 한 방울 섞였으면 좋으련만.

내가 많이 울어서 물 없는 나무로 살아간다면 어쩔 도리가 없다. 울지 않고 살 수는 없으니까. 마음이 마른 채로 살아가는 것보다 몸이 말라가는 나무가 낫지 않을까. 아직 내가 살아보지 않은 생의 마디가 존재할 테고 그 마디 속에 파묻혀 혼자 울부짖을지도 모른다. 우석거리던 메마른 가지 하나 톡 부러진다면 아파서 또 울겠지. 그런 나를 발견하고 함께 울어줄 사람이 반드시 있을 거라고 믿는다. 사랑보다 돈보다 더 소중한 나눔은 눈물이더라.

나는 나무다. 외롭게 홀로 선 나무.

이번 생에 부귀영화는 포기한 지 오래되었다. 그게 다만 실력 부족이라고 생각하지 않는다. 외딴 섬에 홀로 뿌리 박힌 나무 한 그루. 그 나무는 비바람을 혼자 버텨야 한다. 해충이나 인간의 공격에 속수무책이다. 뿌질뿌질 울화가 치밀어도 싸우지 못한다. 비겁해지고 싶어도 도망갈 수조차 없다. 그 나무는 죽고 싶을까? 외부의 타격이나 지독한 외로움에 등 떠밀려 죽음을 외칠 것 같지만, 전혀 아니다. 이따금 하늘이 물을 내려주기 때문이다. 말라 비틀어진 나도 쓸모가 있을 거라고. 일단 살아보라고. 비와 함께 내리는 작은 희망이 마른 나무를 살게 한다.

나는 나무다. 아무도 목매달고 죽을 수 없을 만큼 힘없는.

누군가 내 팔자가 나무라고 말해줘서 감사하다. 아낌없이 주는 라임 오렌지 나무는 못될지라도 적어도 무해한 존재라는 뜻이니까. 나무는 그런 존재니까. 나는 계속 나무로 살아갈 것이다. 푸석푸석 볼품없어도 나무는 나무다. 메마른 가지 아래에도 한 줌짜리 그늘이 질 것이니 땀나게 일한 자 땡볕을 피할 수 있기를. 운 좋게 충분한 물을 공급받아서 열매까지 맺는다면 배고픈 자 달려들기를. 훗날 밑동만 남았을 때 외로운 자의 몸을 받들 힘이 남아있기를. 부디 살아갈 만큼의 비가 내리기를. 아멘.

소나무가 그린 푸른 밤

장 세 현

나무들 세계에도 예술가가 있다면 소나무가 아닐까 싶다. 허공을 도화지 삼아 그리는 예술가. 숱 많은 푸른 머리를 이고 명상에 잠긴 듯한 자태는 곧은 듯 굽고, 굽은 듯 곧다. 표면의 무늬는 특히 매력적이다. 갖은 풍상을 겪은 듯 터실터실한 껍질에 새겨진 굴곡진 선들은 오묘하기까지 하다. 골동품 애호가들이 고려청자의 잔금에 탄성을 지르는 것처럼 나무 애호가인 나는 이 문양에 홀딱 반하고 만다. 세월의 더께가 오랠수록 선은 더 깊고 선명하다. 그림이 선과 색의 예술이라면 소나무는 자기 몸에 그것을 새겨놓은 훌륭한 아티스트다.

방사형으로 삐죽삐죽 돋아난 솔잎은 붓을 닮았다. 그래서일까? 소나무를 뜻하는 '솔'은 붓을 가리키기도 한다. 물자가 부족하던 옛날에는 솔가지를 꺾어 붓 대신 쓰지 않았을까, 내 멋대로 상상해 본다. 바람에 흔들리는 솔잎은 흡사 허공에 붓질하는 듯하다. 맑은 청색을 칠하면 투명한 호숫빛 하늘이 되고, 우중충한 회색빛 물감을 풀어놓으면 먹구름이 몰려와 비를 뿌리기도 한다.

시절이 좋았다. 그 날 솔가지 붓이 그려놓은 하늘빛은 산뜻한 수채화 같았다. 한참을 들여다보면 아련한 슬픔이 눈에 고일 만큼 청명했다. 한여름 고막을 찢던 매미 소리도 잦아들고, 이제 막 들기 시작한 단풍이 꽃보다 아름다웠다. 바람이 목덜미를 핥고 갈 때마다 솔가지 붓은 각기 다른 색감의 하늘빛을 덧칠했다. 백사실 계곡을 들어섰을 때 코발트블루에 가깝던 하늘빛이 성곽길을 따라 걸으면서 조금씩 옅어지고, 와룡산 기슭에 닿았을 무렵에는 흔적마저 덮이고 있었다. 그 아이와 나는 서울이 한눈에 내려다보이는 전망 터에 앉았다. 이내 그레이 톤의 어스름이 발밑을 적시더니 둘의 그림자를 완전히 지워버렸다.

그거 줘야죠! 나는 말없이 주머니에서 머리핀을 꺼냈고, 그 아이 역시 말없이 건네받았다. 무려 8년 만이었다.

처음 만난 건 화실이었다. 웃음소리가 청량했다. 맑고 투명한 구슬 같기도, 훅 불면 동동 떠다니다 톡톡 터지는 비눗방울 같기도 했다. 그 흔한 머리핀이 없는 건지 허구헌 날 노랑 고무줄로 뒷머리를 탱탱 묶었다. 단아하고 깔끔한 성격이라 여간해선 곁을 주지 않을 것 같았다. 너무 가까이 가지도, 너무 멀어지지도 않았다. 세 번쯤 연락이 오가면 한 번쯤 만났다.

뒤태가 애잔해지기 시작하던 어느 날, 길거리를 지나다가 큐빅이 다섯 개 박힌 머리핀 하나를 샀다. 기회가 왔을 땐 손이 부끄러워 내밀지 못했고 작정했을 땐 기회가 없었다. 볼품없는 남자를 따라 미국으로 간다는 말은 나를 위한 배려와 겸양의 표현이었다. 마지막 인사를 오겠노라 했다. 어떤 감정의 발로였는지 불현듯 시하나가 떠올랐다.

어쩌자고 자꾸만 그리워지는

당신네들을 깨끗이 잊어버리자고

북에서도 북쪽

그렇습니다 머나먼 곳으로 와버린 것인데

산굽이 돌아 돌아 막차 갈 때마다

먼지와 함께 들이키기엔

너무나 너무나 차거운 유리잔

　　　　　－ 이용악 「막차 갈 때마다」

이런 시를 쓴 걸 보면 그도 참 외롭고 쓸쓸했던 모양이다. 한 동안 시와 멀어져 있었는데 어쩌면 다시 시를 쓰게 될지도 모른다는 생각이 불쑥 들었다. 밑바닥 깊이 숨긴 마음을 이제 그만 들켜버리고 싶었다. 들킬 수밖에 없었다. 이미 게임이 끝난 판에 패를 감추고 있을 까닭이 없었다. 머리핀을 실토하자 꼭 받고 싶다고 했다. 살 때부터 내 것이 아닌데 주지 않을 이유도 없었다.

왜 여태 주지 않았냐고 물으면 잊어버렸다고 무심히 대답할 작정이었다. 하지만 아무것도 묻지 않았다. 먹먹한 침묵 속에서 무언의 대화가 오갔다. 말하지 않는다고 어찌 다 모를 것이며 말한다고 어찌 다 알겠는가. 싹이 튼다고 씨앗이 다 열매를 맺는 건 아니다. 삶에 변수가 많을수록 풀기 어려운 방정식이 된다. 헛된 기대만큼 깊게 절망하는 일은 없을 것이므로 차라리 싹을 품고만 있는 게 자신을 지키는 길이었다.

저길 봐요! 잔잔한 침묵을 뚫고 그 아이의 청량한 목소리가 물고기처럼 튀어 올랐다. 솔가지 붓이 성터 위에 조각달 하나를 그려놓았다. 도심의 때 낀 밤하늘에도 저런 달이 뜨나 싶을 만큼 명징했다. 조각달은 책갈피 속 꽃잎처럼 아련히 새겨진 기억을 하나씩 소환했다. 조각 케이크와 복숭아 한 조각. 복숭아를 좋아하지만 털 알레르기 때문에 혼자서는 먹을 수 없는 그 아이를 위해 나는 껍질을 깎아 접시에 담았고 참 맛있게도 먹었다. 그 보답이었는지 나조차 잊고 있던 생일에 느닷없이 카페로 불러내 조각 케이크에 촛불을 붙였다. 조각달이 길어 올린 추억은 그리움을 먹고 자라나 오래 시들지 않을 것이다.

그만 내려갈까? 조금만 더요…. 달빛이 너무 좋잖아요! 솔가지 붓은 하늘에 더 짙은 어둠을 풀어냈다. 둘의 형상이 흐릿해질수록 발아래 도심의 불빛은 형형색색으로 더욱 선명해졌다. 이 길을 내려가면 우리 사이는 익명 속에 묻혀갈 것이다. 솔가지 붓은 도심을 향해 소실점이 되어 사라지는 둘의 뒷모습을 오래도록 그려냈다.

아쉽게도 솔가지는 마지막 장면을 그리지 못했다. 전철역 앞. 두 달 후면 다른 이의 아내가 된다는 생각에 목이 멨다. 잘 살아라, 안녕의 인사를 전하자 양팔을 벌리며 다가왔다. 가벼운 포옹을 생각했는데 숨이 턱 막힐 만큼 팔에 힘을 꽉 주어 나를 껴안았다. 처음이자 마지막으로 목덜미에서 풍기는 살 냄새를 기억하게 되었다.

소풍은 끝났다. 머리핀은 나만 덩그러니 남겨둔 채 다섯 개의 딱딱한 눈물방울이 되어 그 아이를 따라갔다. 이 계절이 저물면 겨울이 올 것이다. 겨울에도 자라는 나무는 그 흔적을 나이테로 새긴다. 슬프고도 아름다운 소풍은 가슴 밑바닥에 나이테를 새기는 일이었다. 언젠가 슬픔을 뜯어낸 자리에는 꽃보다 아름다운 새순이 돋아날 것이다.

엔솔러지

삶이 글이 되는 순간
ⓒ 이은정 외, 2024

지은이_ 이윤화 장세현 이수현 김현미
　　　　이정오 김미선 윤종원 이은정
엮은이_ 이은정

발 행 인_ 이도훈
펴 낸 곳_ 파란하늘
초판발행_ 2024년 11월 9일

사무실_ 서울시 서초구 법원로3길 19, 2층 W109호
　　　　(서초동, 양지원빌딩)
전　화_ 02) 595-4621
팩　스_ 0504-227-4621
이메일_ flyhun9@naver.com
홈페이지_ www.dohun.kr

ISBN_ 979-11-988681-7-6 03810
정가_ 16,000원